KB016935

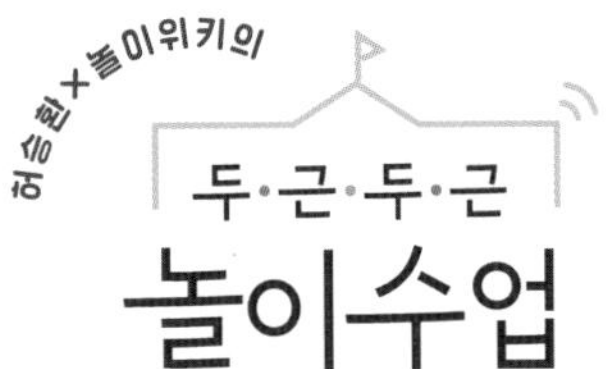
허승환×놀이위키의
두·근·두·근
놀이수업

개정판

허승환×놀이위키의 두·근·두·근 놀이수업

허승환, 김세용, 나승빈, 오진원 지음

교실에서 무조건 해마다 하게 될 수업 놀이 대백과

i-Scream

목차

01 행복한 1년 학급살이를 위한 교실 놀이

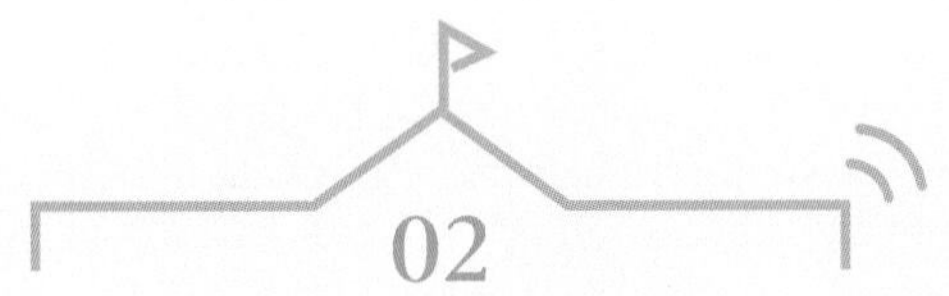

02 교실 속 도구를 활용한 수업 놀이

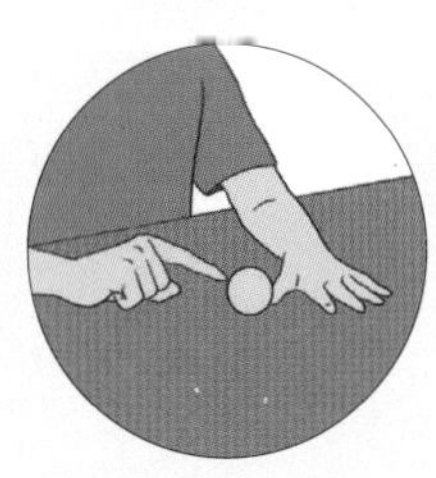

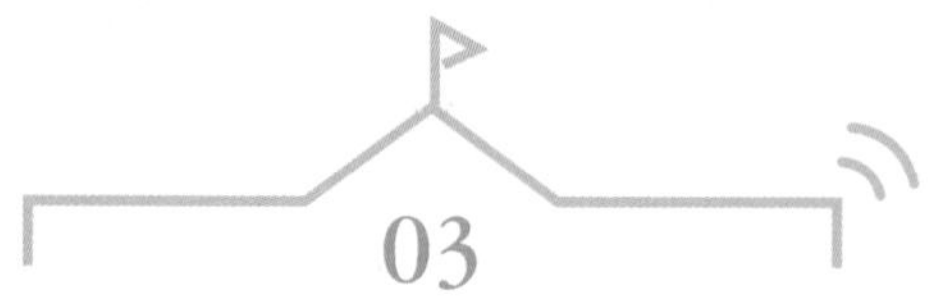

03
보드게임의 원리를 활용한 교실 놀이

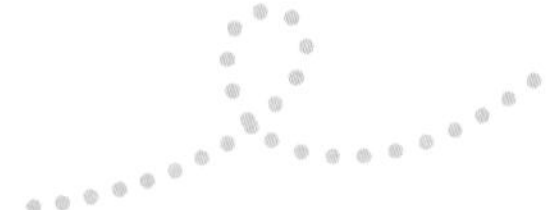

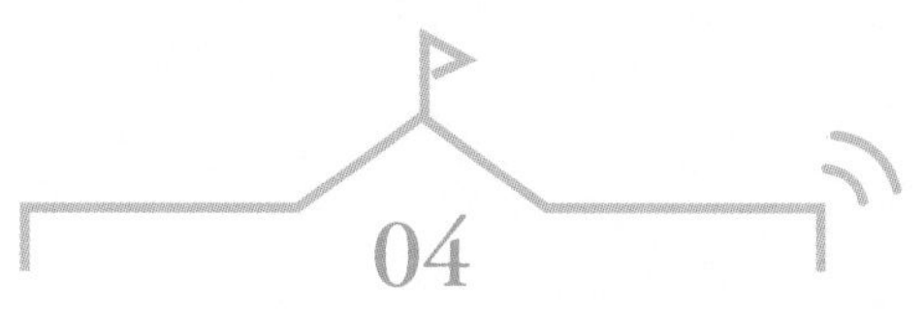

04 아이들의 마음을 연결하는 수업 놀이

개정판 <두근두근 놀이수업>을 집필하며

학생이라는 죄로

학교라는 교도소에서

교실이라는 감옥에 갇혀

출석부라는 죄수 명단에 올라

교복이란 죄수복을 입고

공부란 벌을 받고

졸업이란 석방을 기다린다.

이 글은 한 때 유행했던 싸이월드 미니홈피에 학생들이 프로필로 많이 올려두었던 글입니다. 학교에 대한 좋은 기억보다 안 좋은 기억이 더 많은 아이들의 입장이라면 대부분 공감할 수밖에 없는 글입니다.

하지만 교사라는 죄로 학생들보다 더 오랜 시간 학교에 갇혀 있어야하는 선생님의 경우 '졸업'이란 석방도 통하지 않고, 명예퇴직이나 정년퇴직을 기다리며 인생에서 50여 년 넘는 시간을 학교에서 보내야 합니다.

그럼, 학교가 좋아서 교실에 오는 아이들이 과연 몇 명이나 있을까요? 하지만 생각해 보면 부모님과 보내는 시간보다 더 많은 시간을 보내는 교실, 억지로 아침이 되어 눈을 뜨면 와야 하는 학교가 아이들에게 즐겁고 좋은 기억으로 남을 수 있다면 그것보다 더 보람된 일은 없을 것입니다. 선생님 역시 직장인의 입장으로 아침마다 힘겹게 발걸음을 옮겨야 하는 학교지만 아이들과 함께 하는 하루의 시간을 재미있게 보낼 수 있다면 하루가 더 행복할 것입니다.

이례적이었던 원격 수업이 끝나고 2022년부터 전면 등교가 이루어지고 있습니다. 2020년부터 2022년 초까지 진행된 원격 학습 기간 동안, 학교 급식이 하루 식사의 전부이거나 집에서 돌봐줄 어른이 없는 아이들의 경우 학교가 안전을 책임지고 보장할 수 없기 때문에 많은 선생님들의 우려도 깊었습니다. 전 세계적인 팬데믹(pandemic)으로 원격 수업이 연장될수록 점점 눈에 띄게 벌어지는 아이들의 학습 격차도 무시할 수 없었습니다. 등교를 하느냐 마느냐로 토론이 이어지고, 긴급 돌봄을 누가 맡느냐로 논쟁이 벌어졌지만 여기서 아이들의 목소리는 빠져 있었습니다.

어른들은 쉽게 말하곤 합니다. '너희 학교도 안 가고 온종일 집에서 빈둥대니 좋지 않냐고, 휴대전화만 붙잡고 있지 말고 공부도 하고 생산적인 일을 좀 하라고.' 하지만 등교를 하지 않아 힘든 것이 있냐고 묻는 어른들은 별로 없었습니다. 『코로나로 아이들이 잃은 것들』이란 책에서 명지병원 정신건강의학과 김현수 교수는 '아이들이 잃어버릴까 봐 두려워한 것은 학습이 아니라 관계였다'고 말합니다. 많은 아이들이 사회적 경험을 잃어버린 것, 관계에 대한 결핍, 사실 이 부분이 더 큰 상실이고 더 큰 장기적 영향을 미칠 요인이라고 생각합니다. 아이들에게 오랜 시간 결손된 것이 있다면 관계 맺기, 관계의 과정에서 발생하는 다양한 사회적 경험이었습니다.

다행히 이제 전면 등교가 시작되었습니다. 조금씩 사회도, 학교도 팬데믹 이전으로 돌아가기 시작했습니다. 이때야말로 아이들이 그동안 잃었던 '놀이'를 되찾아 줄 때입니다. 아이들의 숨통이랄 수 있는 '놀이'를 되찾아 복원해 주어야 합니다.

2004년 『두근두근 놀이수업』을 집필할 당시, 교실에서 놀이를 실천하는 선생님들은 대개 공동체 놀이 또는 수업을 마치고 남는 시간에 아이들과 무엇을 할까라는 고민으로 놀이를 하던 무렵이었습니다. 놀이 종합선물세트처럼 운동장 놀이, 집중 놀이, 심성 놀이, 수업 놀이 등을 모두 담아 교실에 오는 아이들의 마음이 '두근두근'하길 바라는 마음으로 '두근두근 놀이수업'이란 제목을 달았습니다.

그리고 이제 20년이 흘러 새롭게 놀이수업을 연구하는 '놀이위키' 모임에서 저와 놀이를 함께 만들고 나누던 세 분과 모여 『두근두근 놀이수업』 완전 개정판을 펴내게 되었습니다.

공저로 기획을 할 때부터 서로의 색깔을 담은 놀이, 수업 시간에 아이들과 쉽게 할 수 있는 놀이, 또 해도 재미있는 놀이, 선생님의 준비 시간이 오래 걸리지 않는 놀이를 염두로 두고 준비했습니다.

이제 배턴을 넘깁니다. 선생님이 각자의 교실에서 직접 시작함으로써 우리가 시작한 놀이는 더욱 깊어지고 서로 연결될 것입니다. 교실에서의 실천을 통해 어떻게 하면 아이들이 더욱 재미있게 참여하고, 더욱 의미 있는 배움의 순간으로 함께 하는 시간을 보낼 수 있을지 함께 고민하고 싶습니다.

함께 하는 아이들의 마음도,
조금은 무뎌져 놀이에 무심했던 선생님의 마음도
이제 더 뜨겁게 '두근두근'하기를 간절히 바라며!

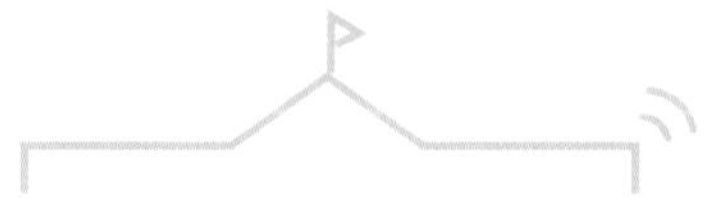

왜 놀이가 필요할까

'노는 게 제일 좋아, 친구들 모여라!' 이 노래는 아이들이 무척 좋아하는 아주 유명한 애니메이션의 노래 가사입니다. 하지만 노는 것을 좋아하는 건 꼭 아이들 뿐만은 아니겠지요? 우리 어른들도 노는 걸 좋아합니다. 때로는 어른에게도 여유가 필요하지만 하루하루 치열한 삶을 살다 보니 생각만큼 쉽지가 않습니다. 아이들뿐만 아니라 일하느라 바쁜 어른들에게도 놀이를 즐길 시간은 무척 필요합니다. 문제는 충분히 놀이를 즐길 시간이 부족하다는 것입니다.

드라마 〈이상한 변호사 우영우〉 '방구뽕 편'에 나왔던 장면은 우리에게 많은 점을 시사합니다. 감옥 같은 학원에 갇혀 밤늦게까지 사교육을 받느라 정작 친구들과 놀 시간을 잃어버린 우리 아이들의 슬픈 현실을 적나라하게 보여주고 어른들을 반성하게 만들었습니다.

한 편으로 이런 말들도 자주 듣게 됩니다. '요즘 아이들을 노는 방법을 잘 몰라요', '아이들과 놀아주고 싶은데 어떻게 놀아줘야 할지 잘 모르겠어요', '놀이를 하는 방법까지 알려줘야 하니 너무 힘드네요.'

특히 아이들에게 놀이는 세상을 배우는 중요한 수단이 됩니다. 네덜란드의 '요한 하위징어 교수'는 인류의 문화는 놀이에서 기원하고 있다고 보고 인간을 Homo Ludens라고 명명하였습니다. 그는 "진정한 놀이란 즐거움을 창출하는 것이며 그것은 사회가 강요하는 경쟁의 규칙(소비사회가 돈을 쓰라고 유혹하는 놀이의 규칙)에 따르는 것이 아니라 삶을 능동적으로 생각하고 창조적으로 사는 것"이라고 말합니다. 또 독일의 시인 '프리드리히 실러'도 "놀이를 할 때 비로소 완전한 인간이 된다"라고 했습니다. UN 아이들권리협약에도 아이들에게 나이에 적합한 놀이에 참여할 수 있는 권리와 국가는 놀이에 대한 적절하고 균등한 기회를 제공해야 한다는 것을 명시하고 있습니다. 이렇듯 놀이가 현재의 문화를 만들어 가는데 매우 중요한 역할을 해온 것은 자명한 일입니다.

하지만 가끔 어른들은 "놀지 말고 차라리 그 시간에…."라는 말로 아이들의 놀이를 단순하고 사소한 활동으로 보기도 합니다. 단시간에 많은 양의 지식을 전달하는 수업보다 중요하지 않다고 생각하기도 하지요. 하지만 생각보다 아이들의 놀이는 매우 복잡하고 놀이를 통해 성장합니다. 놀이의 중요성을 주장한 학자들의 주장을 살펴볼까요?

먼저 인지발달 이론가 '피아제(Piaget)'와 '비고츠키(Vygotsky)'는 놀이와 인지발달 간의 관련성을 강조합니다. '피아제'는 발달은 개인의 과정으로 보고 아이들은 각자의 발달 수준에 따라 놀이에 참여하며 성장한다고 주장합니다. 성장 과정에서 연습놀이(practice play), 상징놀이(symbolic play) 그리고 규칙 있는 게임(games with rules)으로 놀이를 발전시키고 그 속에서 기본적 운동기능, 상징적 의미, 집단과 규칙을 이해한다고 밝혔습니다.

'비고츠키'는 놀이가 인지발달에 직접적인 역할을 한다고 믿었습니다. 놀이는 행동 규칙이 있는 가상의 상황을 만들고 그에 맞춰 활동하며 지적 발달과 규칙 학습에 중요한 역할을 한다고 주장합니다. 또한 또래 친구들과 놀이를 통해 상호작용을 하고 창의성과 근접 발달대(zone of proximal development)를 찾아 사고를 확장한다고 했습니다.

놀이의 문화적 중요성을 평생 연구한 교육학자 '라이언 서튼 스미스(Brian Sutton Smith)' 또한 놀이를 통해 세계를 모방하고 탐구하며 분석한다고 밝혔습니다. 이때 성취동기를 얻고 경쟁을 통한 노력을 경험하게 되며, 세계를 보다 깊이 이해하기 위하여 스스로 경험을 종합하는 행위가 일어나는 것입니다. 자신이 선택한 놀이 활동을 통해 성취감을 얻고 끊임없이 새로운 과제에 스스로 도전하여 창의적으로 문제를 해결하는 능력이 향상될 수 있습니다.

놀이는 정신분석적으로도 의미가 있습니다. '프로이트(Freud)'는 놀이를 통해 아이들이 주변 환경을 창조하고 통제하면서 자신의 욕구를 충족시키고 즐거움을 얻는다고 했습니다. 이 과정에서 긴장이 해소되고, 불안이나 분노 같은 감정을 방출할 수 있는 수단으로 정신 건강에 도움을 준다고 밝혔으며 놀이 치료의 토대를 형성하기도 했습니다. 놀이는 아이들에게 힘과 통제라는 환상을 제공해주며 불안감을 낮춰주는 역할을 합니다.

또 '에릭슨(Erikson)'은 놀이를 사회심리학적으로 분석하고 자기세계놀이(autocosmic play), 미시영역놀이(microsphere play), 거시영역놀이(macrosphere play)로 구분하며 아이들이 발달 수준에 맞는 방식으로 자기표현을 할 수 있는 도구로 보았습니다. 놀이는 아이의 자존감을 높여주며 자아를 구축하는 기능이 있다고 밝혔습니다. 이러한 연구 결과를 토대로 놀이의 중요성을 요약하면 놀이는 신체 성장과 기본 운동능력, 인지 및 언어 능력을 증진 시키며 사회 정서와 창의력 발달을 돕는다고 볼 수 있습니다.

하지만 안타깝게도 우리 아이들은 수업과 놀이가 상반된 것이라고 생각하는 경우가 많습니다. 즉, 수업은 재미가 없고 수업 외에 하는 재밌는 일들을 놀이라고 생각하는 경우가 많다는 것입니다. 학교가 전통적으로 해왔던 강의식 수업에서 많이 벗어난 것은 사실이지만 아직까지 수업이 하나의 재밌는 놀이가 될 수 있다고 생각하는 어린이는 많지 않은 것 같습니다. 이제는 학교가 지식 전달의 장을 넘어 다양한 역량을 함양하는 공간으로 자리매김하고 있기에 교실에서 아이들과 함께 호흡하는 우리 교사들이 놀이를 수업으로 끌고 오는 역량도 무척 중요하다고 할 수 있겠습니다.

선생님들은 왜 아이들에게 놀이가 필요하다고 생각하시나요? 듀이(Dewey)의 '놀이와 일의 균형이 학습에 기여할 수 있다'는 말처럼 수업과 놀이가 함께 공존하고 아이들이 좋아하는 놀이의 재미를 수업 속으로 가져올 수 있다면 얼마나 좋을까요? 그런 요소들을 이 책에서 함께 찾아보도록 하겠습니다.

좋은 교실 놀이의 조건

교실에서 '놀이 수업'이 왜 실패하는지 고민해 본 적이 있으신가요. 놀이가 가진 가치를 깨닫고 교실에서 놀이 수업을 시작하려고 마음먹었다면 좋은 놀이를 찾는 일은 그리 어렵지 않습니다. 교사 커뮤니티에도 유튜브에도 넘치도록 교실 놀이는 많이 올라와 있으니까요. 예전이라면 아이들과 재미있게 지내고 싶어도 놀이를 찾을 수 있는 통로가 많이 없었다면, 이제는 정보가 너무 많아 어떤 놀이를 할지 모르는 시대가 되었습니다.

그렇다면 어떤 놀이가 좋은 놀이일까요? 놀이 수업의 길을 가며 고민하다 개인적으로 네 가지 조건을 생각해봤습니다. 그리고 그 조건의 첫 글자를 모아 '모.다.누.간'이라고 이름을 지었습니다.

첫째, '모'두가 참여하는 놀이인가?

아이들과 처음 놀이를 시작하겠다고 마음먹었던 그때, 용기를 내어 종로 YMCA에서 레크레이션 연수를 받았습니다. 아이들과 놀고 싶어도 어떻게 할지 몰랐던 신규 교사 시절이라 큰 기대를 안고 찾아간 곳에서 저는 많은 것을 느끼고 돌아왔습니다.

레크레이션 강사는 주옥같은 멘트를 던지며 모두의 웃음을 끌어내는 탁월한 진행을 선보였습니다. 그분이 처음 했던 놀이는 '이미지 게임'이었고 진행은 간단했습니다. "모둠별로 제가 말하는 사람을 찾아 손가락으로 가리키세요. 가장 많은 사람이 가리켰으면 자리에서 일어나세요. 전체 모둠에서 가장 적절한 모둠에만 100점, 두 번째 모둠에는 50점 드립니다." 그런 후에 "각 모둠에서 가장 첫인상이 좋은 사람을 찾아주세요.", "각 모둠에서 가장 가위 바위 보를 잘하는 사람을 찾아주세요." 질문 하나하나가 재미있었습니다. 이렇게 놀이에 녹아들 즈음에 강사가 외쳤습니다.

"각 모둠에서 가장 불쌍하게 생긴 사람을 찾아주세요."

그 당시 제 몸무게는 57kg, 174cm 키에 어울리지 않을 정도로 마른 몸이었고, 그 당시 들었던 말 중에 가장 상처받은 표현은 "해골같이 삐쩍 말랐어"라는 말이었습니다. 그런데 우리 모둠에서 제가 뽑혀 일어나게 되었고, 그 장면에서 저는 너무도 수치스러웠습니다. 살이 찐 사람 못지않게 살이 빠진 사람도 스트레스를 받습니다. 살이 찌고 싶어 일부러 자정이 지나 식사를 하고, 아이스크림을 먹던 시절이었습니다. "하나, 둘, 셋" 신호와 함께 모둠의 지명을 가장 많이 받아 대표로 일어서야 했고, 어이없게도 모둠별 대표 중에서도 가장 많은 지명을 받아 50명 가까운 인원 중에 가장 불쌍하게 생긴 사람이 되었습니다. 다들 폭소하고 즐거워하는데 저는 혼자 이방인이었습니다. 그 불쾌하고 기분 나쁜 놀이를 하면서 깊이 깨달은 것은 모두가 재미있다고 해도 그중에 저처럼 단 한 명이라도 기분 나쁜 상황이 있다면 좋은 놀이가 아니라는 것이었습니다. 마치 10,000명 중에 단 한 명이라도 사망자가 나온다면 시중에 팔면 안 되는 신약과도 같은 것이 놀이이기 때문입니다.

교실에서 단원을 마무리하며 '골든벨 게임'으로 정리를 한다고 가정해 봅시다. 선생님이 준비한 문제를 하나씩 낼 때마다 적지 않은 아이들이 답을 쓰지 못하고 탈락합니다. 결국 한두 명의 아이만 마지막에 남게 되고, 남은 모든 아이가 탈락자가 되어 구경꾼으로 전락하는 놀이, '재는 왜 저렇게 머리가 좋을까? 난 역시 안 돼'라고 부정적 자아상만 가지게 된다면 그런 놀이는 결코 좋은 놀이가 아닙니다.

둘째, '다'시 또 해도 재미있는 놀이인가?

교실에서 놀이하지 않는 이유를 여쭤봤을 때, 의외로 적지 않은 선생님들이 '하고 싶은데 아는 놀이가 많지 않아서'라고 대답하셨습니다. 예전에 스텝매직 교사 모임을 이끄는 김택수 선생님과 이야기하다 보니 아는 마술은 많지만 실제로 아이들에게 사용하고 있는 마술은 20여 가지 안팎이라는 말씀이 마음에 남았습니다.

놀이도 마찬가지입니다. 많은 놀이를 아는 것보다 다시 또 해도 좋은 놀이를 모아가는 태도가 중요합니다. 좋은 놀이는 어제 했어도 오늘 다시 하면 재미있어야 합니다. 만약에 아이들이 "했던 거잖아요. 재미없어요."라고 외쳤다면, 이 놀이는 좋은 놀이라고 할 수 없을 것입니다.

셋째, '누'가 진행해도 재미있는 놀이인가?

종로 YMCA에서 레크레이션 연수를 받고 돌아온 다음 날, 모두가 재미있게 참여했던 놀이를 아이들에게 적용하며 기대감에 차올랐다가 크게 실망한 적이 있습니다. 왜 내가 학생이 되어 재미있게 했던 놀이가 아이들과 함께할 때는 재미없을까, 엄청난 물음표였습니다.

그때 레크레이션 강사의 입담이나 유머 감각, 임기응변이 주는 재미에 달린 놀이라면 좋은 놀이가 아니겠구나! 라는 깨달음이 들었습니다. 좋은 놀이라면, 놀이 '자체'에 이미 재미있는 속성이 있으므로 누가 진행해도 재미있어야 합니다. 물론 교사가 유머 감각이 있고 입담이 넘친다면 같은 놀이라도 더 재미있겠지만, 적어도 놀이라면 누가 진행해도 재미있어야 진짜 놀이라고 생각합니다. 놀이 '자체'가 재미있다면, 누가 진행해도 재미있기 마련입니다.

넷째, 준비는 '간'단한가?

학부모 공개수업 때 적지 않은 선생님들이 놀이를 통한 학생 중심의 활동적인 수업을 계획하고 진행합니다. 그런데 의외로 공개수업 때에만 놀이를 활용하시고, 평소에는 하지 않는 경우가 많았습니다. 왜 그럴까 생각해 보니 공개수업을 준비하면서 너무 많은 시간과 노력이 필요했기 때문입니다.

학부모 공개수업처럼 누군가에게 보여주기 위한 수업이 아니라 '놀이' 수업은 매일 먹는 밥처럼 일상 속에서 편안하게 진행되어야 합니다. 그러기 위해서는 일단 준비물부터 간단해야 합니다. 학습준비물실에서 쉽게 가져올 수 있는 물품들, 예를 들어 8절지, 4절지, A4용지, 포스트잇 정도의 준비물만 있어도 놀이를 할 수 있어야 합니다. 전날 수업을 설계했을 때, 따로 준비물을 준비하지 않아도 당일 아침에 학습준비물실에서 찾아 가져올 수 있을 정도의 준비물이면 충분합니다. 이렇게 언제든 준비가 간단해서 쉽게 하게 되는 놀이는 정말 좋은 놀이가 분명합니다. 우리는 매일 공개수업을 하는 게 아니라 일상의 수업을 해야 하기 때문입니다.

'모다누간', 이제 어떤 약자인지 아시겠죠? 많은 놀이를 아는 것보다 하나를 알더라도 두고두고 교실에서 쉽게 사용할 수 있는 놀이를 찾으세요. 다시 또 해도 좋은 놀이, 누가 진행해도 재미있는 놀이, 그런 중에도 단 한 명이라도 상처를 입거나 버려지지 않도록 마음을 기울였을 때, 교실 속 놀이는 더욱 즐거워질 것입니다.

요즘 아이들을 위한 요즘 놀이

쉬는 시간은 아이들에게 어떤 의미일까요? 인기 아이돌 블랙핑크의 멤버 로제가 따라 불러서 화제가 된 〈쉬는 시간 송〉이 있습니다. "쉬는 시간~ 신이 만든 시간! 쉬는 시간은 신이 만든 시간이야~"라는 재미난 가사로 진지하게 노래를 부르는 아이의 모습입니다. 신이 만들었다고 할 정도로 아이들은 쉬는 시간을 알차게 사용하고 즐겁게 놀고 싶어 합니다. 그런데 사실 쉬는 시간은 의미 없이 보내는 시간이 아닙니다. 놀이가 주는 힘이 그만큼 강력하며 아이들이 놀면서 배우는 게 아주 많다는 의미기도 합니다.

『아이들을 놀게 하라(파시 살베리, 윌리엄 도일 저)』에서 롱아일랜드 교육감 마이클 하인즈(Michael Hynes)는 핀란드 교육 체계의 놀라운 성공과 핀란드 아동교육에서 놀이가 차지하는 중요성을 바탕으로 〈피스 PEAS 프로그램〉을 만들었습니다. 아이들을 더 많이 놀게 하는 과정에서 신체 발달(Physical Growth), 정서 발달(Emotional Growth), 학업 발달(Academic Growth), 사회적 발달(Social Growth)이 자연스럽게 일어난다는 것입니다. 실제 놀이를 많이 하는 학교와 학급에서는 길러주고 싶은 역량이 함께 신나게 놀았는데 길러지는 경험을 하게 됩니다.

아이들이 경험하는 세 가지 형태 놀이

아이들은 학교에서 크게 3가지 형태의 놀이와 신체 활동을 경험합니다. 하나는 수업 시간에 주로 교실에서 하는 공동체 놀이와 수업과 연관된 수업 놀이입니다. 교사가 의도를 가지고 하는 활동이라고 해서 '의도된 놀이'라고도 할 수 있습니다. 다음은 강당이나 운동장, 학교 중간 뜰 등에서 하는 신체를 활용한 '신체 놀이, 체육 놀이'가 있습니다. 이 두 가지 형태의 놀이는 교사가 준비해서 진행하고, 아이들을 규칙을 지키면서 참여하는 모습이 대부분입니다. 마지막 형태는 '자유 놀이'입니다. 쉬는 시간, 중간 놀이 시간, 점심시간, 방과 후 등에 친구들과 자유롭게 놀이를 하는 겁니다. 교사 입장에서는 의도된 놀이를 통해 가르치고 싶은 지혜와 역량을 효과적으로 교육하는 방법이기도 합니다. 아이들에게 놀이는 수업 시간에 놀면서 배우고, 자유 놀이 시간에 친구들과 소통하며 성장할 수 있게 도와줍니다.

"이제 학교에서 아이들 놀이까지 알려주어야 하나?"라고 생각할 수 있습니다. 하지만 아이들은 어떤 놀이가 있는지 경험이 부족합니다. 놀이가 주는 효과를 생각한다면 따로 준비해서라도 하는 것이 좋겠지만 사실 교사가 놀이를 준비해서 진행하지 않더라도 자유 놀이를 통해 그동안 배운 것들을 연습할 수 있습니다. 친구들과 어떤 놀이를 할 것인지 논의하고, 규칙도 바꿔보고, 협상도 해볼 수 있습니다. 놀이가 아니라면 언제 이런 경험을 할 수 있을까요? 때로는 오해가 생겨서 그것을 해결하는 과정도 경험하게 됩니다.

요즘 아이들은 특히 코로나로 공동체를 만들어 가는 경험이 부족하고, 친구들과 자유 놀이를 한 경험이 부족합니다. 그래서 자유 놀이를 잘 할 수 있도록 몇 가지 준비와 원칙을 만들면 좋습니다. 바로 소시물의 원칙입니다.

소시물의 첫 번째 요소인 '소'는 장소입니다. 아이들이 안전하게 놀 수 있는 공간을 학교와 교사가 만들어주어야 합니다. 두 번째 '시'는 시간입니다. 아이들이 충분히 몰입할 수 있는 시간입니다. 5~10분 쉬는 시간, 20~30분 중간 놀이 시간에 할 수 있는 놀이를 소개하고 할 수 있게 하는 것이 좋습니다. 세 번째 '물'은 물건입니다. 아이들이 안전하게 친구들과 돌아가면서 사용할 수 있는 놀이 도구를 마련해주는 것이 좋습니다. 놀이 상자를 만들고, 놀고 나서 정리하기, 또는 관리자 역할을 만들어주면 더 완벽한 경험이 됩니다.

요즘 아이들에게 필요한 놀이

코로나19 이후 유치원이나 초등학교에 입학한 아이들은 온라인 수업 경험과 마스크를 착용한 상태에서 학교생활을 했기 때문에 공동체를 만들어 가는 경험이 절대적으로 부족합니다. 그래서 서로 마음을 알아보고 나누는 공동체 놀이가 꼭 필요합니다. 무엇을 좋아하고, 어떤 것을 싫어하고, 자주 듣고 싶은 말, 듣고 싶지 않은 말 등 각자의 생각과 감정을 표현하는 놀이를 자주 할 필요가 있습니다.

코로나 이전에 아이들과 이후에 아이들을 비교해 봤을 때 자세가 좋지 않다는 이야기도 많이 들어옵니다. 바른 자세로 의자에 앉는 것, 주어진 시간 동안 균형 잡힌 자세를 유지하는 것을 몸을 많이 움직이는 신체 놀이와 연계해서 할 필요도 있습니다.

생각과 마음을 나누지 않으면 서로 연결된 상태가 아니라고 합니다. 자유로운 시간인 쉬는 시간, 중간 놀이 시간 등에 간단한 도구를 활용해서 짧은 시간에 여러 번 할 수 있는 놀이도 좋습니다. 또, 교사의 진행과 판정이 아니라 아이들이 주체가 되어서 시작하고 끝내는 놀이가 필요합니다. 이기고 지는 과정에서 전략도 세우고, 팀을 만들어서 해보기도 하고, 때로는 신나게 달리거나 소리를 질러보는 해방감을 주는 활동이 아이들에게는 꼭 필요합니다.

01

행복한 1년 학급살이를 위한 교실 놀이

허승환

소란한 교실,
2초 안에 집중시키기

#집중 #침묵신호 #모두 다같이 #기다려주기

준비물 없음
대형 전체

선생님은 아이들이 소란스러울 때, 어떤 방법으로 아이들을 집중시키시나요? 실제로 선생님들이 가장 많이 활용하는 방법은 '아무 말 없이 아이들 째려보기'라고 합니다. 아니면 아이들보다 더 큰 목소리로 "3반" 외치면, 아이들은 박수를 3번 짝짝짝 치거나 "선생님을"이라고 선창하면, 아이들은 "봅니다!"라고 외치기도 합니다. 어떻게 하면 아이들이 수업에 더 빠르게 제대로 집중할 수 있을까요?

놀이 효과

교실에서 소란한 아이들을 집중시키려면 3가지 조건이 필요합니다. 먼저 선생님은 목소리를 내지 말아야 합니다. 선생님의 성대는 소중합니다. 아이들이 듣지 못한다는 이유로 자꾸만 더 큰 목소리로 외치게 되는 방법은 피해야 합니다. 둘째, 모든 아이들이 하던 행동을 멈추고 선생님을 봐야 합니다. 셋째, 집중한 후에 다시 원래대로 떠들지 않아야 합니다.

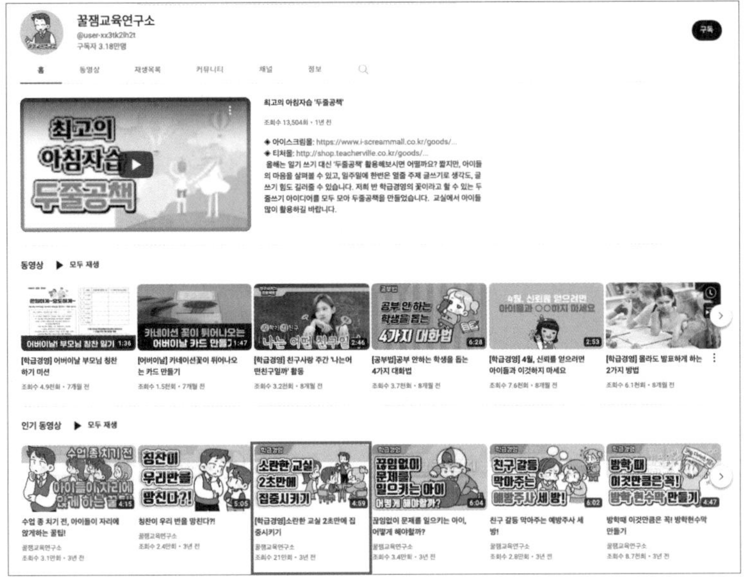

꿀잼교육연구소 유튜브 채널에 '소란한 교실 2초 만에 집중시키기'라는 제목의 20만 조회 수를 기록하며 뜨거운 반응을 일으킨 방법을 소개합니다. 교사는 화낼 필요도 없고 소리 내지 않는데 아이들은 집중하는 특별한 방법, 단 2초면 충분합니다.

단계별 놀이 방법

학교의 이야기를 담아냈던 어느 다큐멘터리 프로그램에 수업 코칭을 받은 선생님이 나왔습니다. 교실에서 박수를 2번 치고 "5반"이라고 외치며 오른손을 펴서 들고, 왼손은 검지를 입술에 댑니다. 그러자 시끄럽게 떠들던 학생들이 일시에 선생님과 같은 동작을 취하며 마법처럼 선생님에게 집중합니다.

1 박수를 2번 칩니다.

2 왼손 검지는 입술에 대고, 오른손은 손바닥을 학생으로 향해 들어 올립니다.

3 학생들도 모두 박수를 2번 치고, 선생님처럼 왼손 검지는 입술에, 오른손 손바닥은 선생님을 향해 들어 올립니다.

흔히 '침묵 신호'라고 불리는 이 집중 방법은 학생들이 교사에게 집중하도록 할 때 가장 효과적인 신호입니다. 침묵 신호는 교사의 신호에 따라 학생들이 하던 일을 멈추고 왼손 검지는 입술에, 오른손은 들어 무조건 교사를 봐야 합니다. 이때 혼자만 손을 드는 게 아니라 자기 모둠의 다른 학생들까지 손을 들도록 챙겨 주기로 약속합니다. 교사가 손을 내려야만 아이들도 따라 내릴 수 있습니다.

처음에는 교사 손들기 → 먼저 본 학생이 소리 없이 손들기 형태로 진행되지만, 익숙해지면 교사 손들기 → 먼저 본 학생 침묵하기(손들지 않기)의 과정으로 진행됩니다.

놀이 지도 시 주의할 점

침묵 신호가 교실에서 성공하려면 꼭 지켜야 할 2가지 조건이 있습니다. 먼저 선생님은 학급 전원이 침묵 신호를 하고 선생님 눈과 마주칠 때까지 기다려야 합니다. "조용히 하세요!"라는 말을 절대 쓰지 않겠다고 단단히 결심하세요. 선생님들의 경우 아이들이 어느 정도 조용하다 싶으면 본인이 하고 싶었던 말을 바로 합니다. 그런데 아이들 중 침묵 신호를 잘 못 지키는 아이도 교실의 일부분이라는 점을 간과하면 안 됩니다. 어느 정도 조용하다 생각하고 지나치면, 다음 번 침묵 신호를 사용할 때마다 평소에도 집중을 잘하지 않던 아이들은 여전히

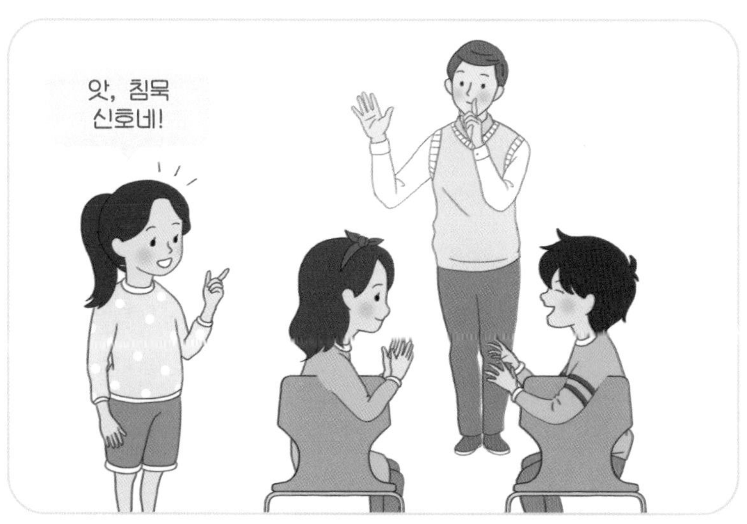

잘 따라오지 않아 힘들어집니다. 따라서 모든 학생들이 선생님을 바라보기 전까지는 절대로 선생님께서 먼저 말씀을 하시면 안 됩니다. 이는 교실 전체의 분위기를 위해서도 꼭 필요한 원칙입니다.

두 번째, 침묵 신호로 아이들이 재빨리 집중했지만 지속되지 못하고 곧바로 수업과 상관없는 행동들을 한다면, '긍정적 주의 집중'을 해야 합니다. 침묵 신호를 보낸 후에 가장 잘 따라준 모둠으로 다가가 그 모둠의 좋은 점을 칭찬해 주는 것입니다. 단지 선생님이 무엇을 좋아하는지 말하면 됩니다. 아이들이 흐트러지려 할 때마다 활용하면 아이들이 오랜 시간 과제에 집중할 수 있게 됩니다. 무엇보다 긍정적 주의 집중은 학급의 기준을 세워 줍니다. 가장 잘하는 모둠을 모범으로 제시하는 것은 학생들에게 어느 행동이 가치 있는 행동인지 가르쳐 주게 됩니다. 학생들은 이렇게 기준이 있을 때 학급에서 더욱 안정감을 느낍니다.

세 번째, 침묵 신호를 소개하면서 박수를 두 번 치고 왼손으로 쉿 자세를 취했을 때, 오른손은 손가락을 꼽으며 타이머 역할을 합니다. 반에서 침묵 신호를 하지 않던 마지막 아이가 손을 들었을 때 "24초 걸렸습니다. 이전에 32초 걸렸는데 우리 반이 더욱 수업에 집중하고 있다는 게 느껴져서 기쁩니다." 이렇게 이전에 비해 나아지고 있는 우리 반의 모습을 칭찬하고 격려해 줍니다. 아이들은 점점 더 빨리 집중하게 될 것이고, 얼마 지나지 않아 단 1, 2초 만에 침묵을 만들어 내는, 반짝이는 눈빛으로 선생님의 탄성과 칭찬을 듣고 싶어 노력하는 아이들의 예쁜 모습을 보게 될 것입니다.

네 번째, 먼저 아이들에게 동의를 구하는 것이 좋습니다. 모둠 활동을 열심히 하다 보면, 자연스럽게 시끄러워질 수 있습니다. 한 모둠에서 조금 크게 이야기를 나누다 보면, 가까운 옆 모둠에서는 조금 더 큰 목소리로 이야기하게 되고, 모두가 더 큰 소리로 이야기하게 만듭니다. 이것은 아이들이 열심히 모둠 활동을 하기 때문에 벌어진 일입니다. 그러다 보니 선생님이 하는 이야기를 듣지 못하는 경우가 많습니다. 이럴 때 침묵 신호에 재빨리 반응하는 습관을 들인다면 이런 문제를 해결할 수 있습니다.

이렇게 놀면 더 재미있어요

1 교실 얼음땡

수업 중에 하는 '얼음땡'입니다. 아이들의 집중력이 떨어질 때 교사가 "하나 둘 셋, 얼음!"이라고 외치면, 학생들은 모두 그 자리에 얼어붙은 듯 행동을 멈춥니다. 이때 하고 싶은 이야기를 짧게 한 후 "땡!"하면 다시 움직일 수 있습니다. 한 아이에게만 써야할 상황이라면 그 아이 이름만 부릅니다. "홍길동만 얼음!", 이렇게 학생의 기분을 상하게 하지 않고도 제재할 수 있습니다.

2 공주병 3종 세트

인어공주는 마녀에게 목소리를 빼앗기고 두 다리를 얻습니다. 이 스토리를 모티브 삼아 교사가 먼저 외칩니다. "자~ 인어공주!" 이때 아이들은 교실을 걸어 다닐 수 있지만 목소리를 빼앗겨 조용히 해야 합니다. 교실에 전화가 왔을 때, 사물함에 있는 물건을 가지러 갈 때 등에 활용할 수 있습니다.

만약에 선생님이 "신데렐라!"라고 외치면, 아이들은 마법에 걸려 교실 바닥의 쓰레기를 주워야 합니다. 10개 이상 주워 선생님의 검사를 받으면 마법이 풀려 다시 자리에 앉을 수 있습니다.

선생님이 "잠자는 숲속의 공주!"라고 외치면, 아이들은 모두 제자리에 돌아와 책상 위에 두 팔을 대고 엎드려 자야 합니다. 꼭 눈을 감지 않아도 눈감을 때의 효과가 나기 때문에 유용합니다.

3 교사가 "머리 위에 손"을 외치면 아이들 마음은 어떨까요? 재미있게 하던 행동을 멈추고 머리 위에 손을 올려야 하니 마치 벌을 받는 기분일 것입니다.

이때 말을 바꿔보는 겁니다. "머리 아래 손!" 처음에는 의아해하던 아이들이 선생님을 따라 두 손을 머리 아래 받칩니다. 이때 두 손을 머리 위로 올리며 "손 위에 머리"라고 외치면, 아이들이 아무 생각 없이 선생님을 따라 손을 머리 위로 올립니다. 이렇게 '머리 위에 손', '머리 아래 손', '손 위에 머리', '손아래 머리'를 골고루 섞어 부르며 동작과 구령을 달리 하면 아이들이 헷갈려 하며 재미있어 합니다. 그렇지만 선생님의 말씀을 잘 듣지 않으면 따라 하지 못하니 아이들의 눈과 손은 선생님에게 완전히 집중할 것입니다.

이럴 때 마지막으로 "허리 뒤에 손", "무릎 위에 손"으로 마무리하면 됩니다. 때로는 "손 끝 머리"라고 외쳐 두 손의 끝을 머리에 대게 합니다. 그러면 자동으로 머리 위에 하트를 그리는 모양이 되어 모두의 마음이 풀리며 웃게 됩니다.

4 '합죽이가 됩시다. 합!' 응용하기

'합죽이가 됩시다. 합!'을 바꿔 활용해 보는 것도 좋습니다. 교사가 "선생님을 보세요."라고 말하면, 아이들은 첫 글자만 크게 "선!"이라고 외칩니다. 아이들이 발표할 때는 "○○이를 보세요."라고 외치면, 아이들이 이름 첫 글자를 외치며 발표를 경청하면 됩니다.

경찰 없는 사회가 이상적인 것처럼, '집중놀이'가 없는 수업이 이상적인 수업 아닐까요? 집중 놀이에 앞서 중요한 점은 학생들의 집중을 위해 가장 좋은 방법은 교재 연구라는 사실입니다. 다른 방식으로 가르쳐 보는 노력 없이 무조건 학생들에게 집중하기를 기대해서는 곤란하겠지요. 이 점을 간과하지 않으면서 수업의 지루함, 반복성, 수동성을 탈피해 학습에 대한 흥미와 동기를 유발할 수 있는 효과적인 집중 방법에 대한 관심을 기울여야 합니다. 아울러 고학년으로 올라갈수록 내적인 주의 집중력을 키워갈 수 있도록 지도해 주세요.

칭찬 골든벨 게임

#공동의 목표 #공동의 보상 #함께 성장하기

준비물 골든벨판, 마커, 마커 지우개
대형 전체

아이들과 한 단원 공부를 마쳤을 때, 선생님들이 가장 많이 활용하는 놀이는 역시 '골든벨 게임'입니다. 그런데 실제로 골든벨 게임을 하다 보면 공부를 잘하는 아이들과 못하는 아이들의 실력 차이로 인해 곤란한 경우가 있습니다. 후반부로 갈수록 대부분의 탈락자 아이들은 마지막까지 남아 골든벨을 울리는 공부 잘하는 몇 친구들을 바라보며 "쟤들은 왜 저렇게 머리가 좋을까?", "난 역시 안 돼"와 같은 부정적인 자아상만 가지게 됩니다. 공부를 잘하는 아이들만 즐거운 골든벨 게임이 아니라 모두가 '성장'을 경험하는 골든벨 게임이 되려면 어떻게 해야 할까요?

놀이 효과

'칭찬 골든벨' 게임은 아이들이 문제를 맞힐 때마다 칭찬 통 안에 공을 하나씩 넣어 달성한 공동의 목표를 모두가 누릴 수 있도록 만든 수업 놀이입니다. 문제를 맞힌 아이들 수만큼 칭찬 공을 모으기 때문에 못 맞혀도 비난받지 않고, 친구가 맞히면 함께 기뻐하고 내가 맞히면 친구들에게 박수를 받을 수 있어서 '친구들은 나를 돕는 존재'라는 의식을 길러줄 수 있는 놀이입니다.

단계별 놀이 방법

1 먼저 어떤 보상을 받을지 함께 받을 '공동의 목표'를 정합니다. 학생들이 제안한 공동의 목표를 칠판에 적고, 간단한 거수를 통해 최종적으로 공동의 보상을 정합니다. 예를 들어 '급식 5분 먼저 먹기', '5교시 원하는 짝과 앉기' 등 돈 들이지 않고도 모두가 좋아할 수 있는 보상을 결정합니다.

2 공부한 내용 중에서 선생님이 문제를 냅니다.

3 학생들은 약 20초 정도의 시간 안에 골든벨판에 정답을 적습니다.

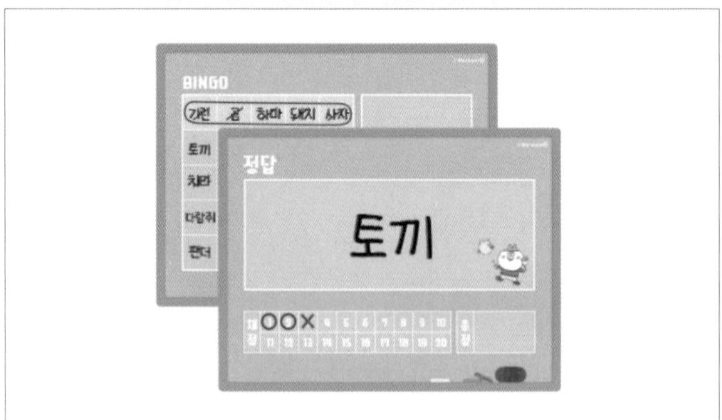

4 **선생님의 "하나, 둘, 셋" 신호에 맞추어 골든벨판을 들어 올립니다.**

5 **선생님은 정답을 발표하고, 이때 정답을 맞힌 아이들만 일어납니다. 그 숫자만큼 점수를 더 합니다. 예를 들어 1번 문제를 맞힌 아이가 10명이라면, 10이라고 칠판에 씁니다.**

6 **계속 문제를 내어 진행합니다. 마지막 문제를 낸 후에 문제를 맞힌 학생들 수를 더해 '공동의 목표'만큼 도달하면 모두에게 함께 정한 공동의 보상을 누릴 수 있도록 합니다.**

놀이 지도 시 주의할 점

'칭찬 골든벨' 게임은 놀이 시 몇 가지 주의할 점이 있습니다.

첫째, 놀이의 보상은 '재미'와 '즐거움'입니다. 물질적 보상이 아니라 모두가 즐겁게 생각할 만한 목표여야 합니다. 그리고 수업을 건너뛰고 할 수 있는 것도 허락하지 않습니다. 예를 들어 3시간 가까이 영화를 보여주는 등의 목표는 정하지 않도록 합니다.

두 번째, 문제의 답을 아는 학생이 없을 경우에는 힌트를 제공합니다. 너무 어려워할 경우에는 1차로 글자 수를 알려주고, 2차로 제시어 힌트를 하나만 제공합니다. 그래도 정답을 아는 학생들이 없다면 3차 초성 힌트까지 제공하도록 합니다. 우리가 칭찬 골든벨 게임을 하는 이유는 잘하는 몇 명을 뽑기 위한 것이 아니라 모두들 공부한 내용을 재미있게 복습하기 위해서임을 잊지 말아야 합니다.

이렇게 놀면 더 재미있어요

1 골든벨판이 없을 때는 답을 아는 아이들만 일어납니다. 그런 후에 선생님의 "하나, 둘, 셋" 신호와 함께 동시에 정답을 크게 외칩니다. 정답이 틀리면 자리에 앉고, 맞았으면 맞은 아이들 수만큼 세어 구슬을 넣으면 됩니다.

2 아이들이 많이 마시는 500mL 페트병과 구슬을 준비합니다. 아이들이 문제를 맞힐 때마다 구슬을 나누어주고, 구슬을 받은 아이가 직접 페트병 안에 구슬을 넣습니다. 페트병에 구슬이 차면 모두에게 미리 정한 '보상'을 하면 됩니다. 모형이 아닌 진짜 구슬을 준비하면 훨씬 재미있게 진행할 수 있습니다.

3 직접 만든 칭찬 골든벨 플래시 자료를 이용하면, 더욱 쉽게 교실에서 놀 수 있습니다. 칭찬 골든벨 플래시 자료를 다운로드 받으려면, 아래의 QR코드로 링크된 사이트에 접속하면 됩니다.

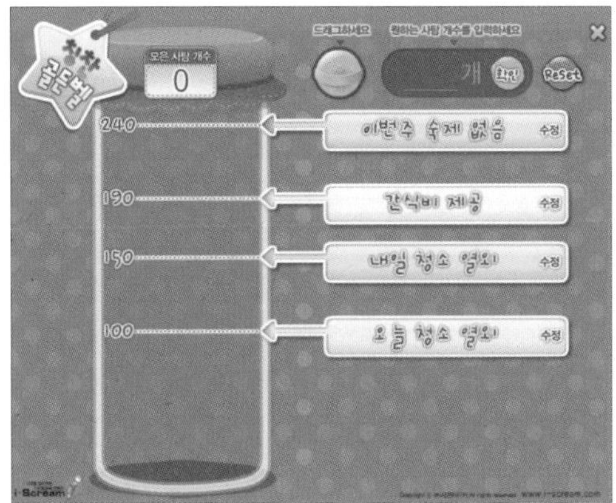

칭찬 골든벨 플래시 자료 다운로드 QR

남이 잘되면 나도 잘 돼!
5단계 OX퀴즈

#5개의 퀴즈 #32개의 선택지 #끝까지 집중하기

준비물 골든벨판, 마커, 마커 지우개
대형 전체

OX퀴즈를 할 때 가장 큰 고민은 보통 두 가지입니다. 첫째, 왜 아이들은 탈락하면 떠들기 시작할까? 그리고 둘째, 탈락한 아이들은 왜 자신이 틀렸는지 궁금해하지 않을까? 틀렸다면 왜 틀렸는지 궁금해서 선생님의 설명을 들어야 하는데 대부분의 아이들은 아무런 관심도 없이 탈락하는 순간부터 떠들기 시작합니다. 어떻게 하면 탈락하지 않고 모두 즐겁게 OX퀴즈 게임을 할 수 있을까요?

놀이 효과

'5단계 OX퀴즈' 게임은 오늘 공부한 교과 내용 중에서 5개의 문제를 듣고 차례대로 O와 X 중에 정답을 고른 다음 마지막에 도착한 1-32번의 숫자 중에서 하나만 골든벨판에 적어 확인하는 수업 놀이입니다. 문제를 낼 때마다 정답을 확인하지 않기 때문에 마지막 문제까지 답을 함께 공유하며 해결할 수 있어서 모두 즐겁게 참여할 수 있습니다.

단계별 놀이 방법

1 먼저 학생들이 제안한 '공동의 목표'를 칠판에 적고, 간단한 거수를 통해 최종 '공동의 보상'을 정합니다. 예를 들어 '급식 5분 먼저 먹기', '5교시 원하는 짝과 앉기' 등 모두가 좋아할 수 있는 보상을 결정합니다.

2 이 시간에 공부한 내용 중에서 5개의 문제를 출제합니다. 예를 들어 '지렁이'에 대한 5개의 퀴즈를 낸다면 이렇게 내면 됩니다.

① 지렁이는 뒤로 기어갈 수 있다.

② 지렁이는 입으로 숨을 쉰다.

③ 지렁이는 암놈이 수놈보다 크다.

④ 지렁이의 '지'자는 한자어 地(땅 지)에서 왔다.

⑤ 전 세계 지렁이의 종류는 약 800여 종에 이른다.

3 아이들은 선생님이 문제를 낼 때마다 가장 위쪽부터 O와 X 화살표 중에서 하나씩 선택해 내려갑니다.

4 학생들은 마지막 도착한 번호를 골든벨판에 적고, 선생님의 "하나, 둘, 셋" 신호와 함께 들어 올립니다.

5 이제 선생님은 1번부터 5번까지 차례대로 아이들과 묻고 답하며 정답을 찾아갑니다.

6 마지막으로 정답에 도착한 아이가 몇 명이나 있는지 확인합니다. 그리고 약속했던 '공동의 보상'을 줍니다.

놀이 지도 시 주의할 점

1 5단계의 OX퀴즈를 풀다 보면, 중간에 한 문제만 틀려도 정답에 도착하기가 쉽지 않습니다. 그래서 탈락하더라도 남아있는 아이들을 응원할 수 있게 놀이 구조를 바꿀 필요가 있습니다. 저는 반 아이가 20명이라면 20% 정도, 약 4명~5명 정도가 정답에 도착하면 모두에게 '공동의 보상'을 약속합니다.

2 친구들과 상의하지 않도록 합니다. 20%의 학생만 정답에 도착해도 모두에게 '공동의 보상'을 인정하는 대신, 문제를 듣고 친구들과 상의하지 않도록 약속합니다. 수업 시간에 열심히 집중하고 공부한 아이들은 어렵지 않게 풀 수 있을 것입니다.

이렇게 놀면 더 재미있어요

1 5단계 OX퀴즈 플래시를 활용하면 진행이 더욱 쉬워집니다.

남자 아이와 여자 아이 캐릭터를 정답 위에 올려놓으며 아이들과 대화로 정답을 찾아갈 수 있기 때문입니다. 5단계 OX퀴즈 플래시를 다운로드 받으려면, 아래 QR코드에 접속하면 됩니다.

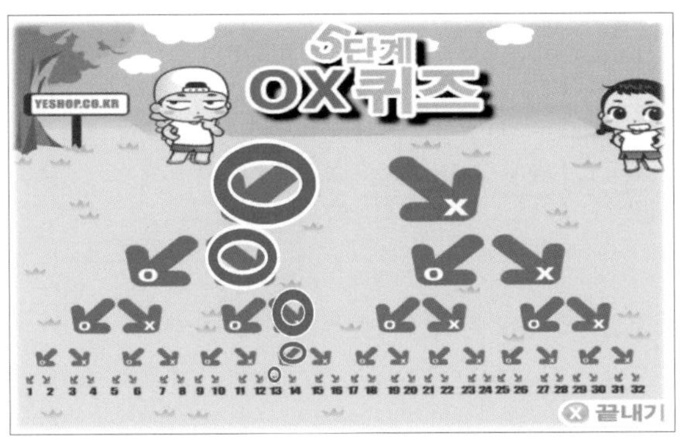

칭찬 골든벨 플래시
자료 다운로드 QR

2 5단계 OX퀴즈 hwp 파일을 인쇄하여 아이들이 직접 정답을 적게 하면 좋습니다. 이때도 코팅하는 대신 경질봉투나 산다케이스에 담아 활용하면 여러 번 사용할 수 있습니다.

3 5단계 OX퀴즈 학습 자료가 없다면, 간단히 포스트잇을 한 장씩 아이들에게 나누어 주세요. 그런 후에 마지막에 도착한 번호를 포스트잇에 쓰고, "하나 둘 셋" 신호와 함께 자신의 이마에 붙이게 합니다. 책상에 내려놓으면 중간에 답을 고쳐 쓰는 아이들이 생길 수 있지만, 이마에 붙여놓으면 자신이 적은 답에 책임감을 가지고 열심히 참여하게 됩니다.

네 편 내 편이 없는 즐거운 흡수 피구

#공 맞으면 팀 체인지 #흡수되면 무적 #사람 많은 팀이 승리

준비물 접시콘, 피구공, 팀 조끼
대형 모둠

아이들이 가장 좋아하는 피구 경기를 할 때면 늘 지나친 승부욕으로 불만이 생긴 아이들을 만나게 됩니다. 게임에서 지면 심판을 탓하기도 하고, 팀에서 못한 친구에게 "너 때문에 졌잖아!"라고 비난합니다. 우리 팀이 무조건 이겨야 하는 아이들을 만나면, 다시는 피구를 하고 싶지 않아집니다. 그런데 '흡수 피구'는 따로 상대편과 우리 편이 없이 공에 맞으면 상대 팀으로 흡수되는 새로운 피구입니다.

놀이 효과

피구 경기는 제로섬 게임이라 어느 한 팀이 이기면 상대 팀은 질 수밖에 없습니다. 그래서 이긴 팀은 재미있고, 진 팀은 재미도 없고 속상한 경우가 많습니다.

'놀이'는 '재미'와 '즐거움'을 추구하기 위한 활동입니다. 그런 면에서 이기면 당연히 재미있지만, 져도 즐거울 수 있어야 진정한 놀이라고 할 수 있습니다. '흡수 피구'는 상대 팀과 우리 팀의 구별이 따로 없이 진행되는 게임이라 졌어도 져서 분한 승부욕을 줄여주기에 이겨도 져도 재미있는 피구 경기입니다.

단계별 놀이 방법

1 **남자는 남자끼리, 여자는 여자끼리 가위 바위 보로 이긴 팀과 진 팀, 두 팀으로 나눕니다.**

2 **이긴 팀과 진 팀은 각각 정해진 팀 조끼를 입습니다.**

3 **각 팀의 대표가 가위 바위 보를 하고 이긴 팀부터 공을 가지고 경기를 시작합니다.**

4 **상대 팀이 던진 공에 맞은 아이는 상대 팀에 '흡수'되어 들어갑니다.**

5 **흡수된 아이는 원래 자기 팀 아이들이 던진 공에 아웃되지 않습니다. 그렇기 때문에 새로운 팀에서 친구들을 막아줄 수 있습니다.**

6 몇 번이고 공에 맞을 때마다 상대 팀으로 흡수됩니다. 10분 동안 더 많은 아이가 남아있는 팀이 승리합니다.

놀이 지도 시 주의할 점

1 다른 팀 조끼를 입은 아이만 맞출 수 있습니다. 아이들이 계속 왔다 갔다 '흡수'되다 보면, 누구를 맞춰야 하는지 헷갈릴 수 있습니다. 그럴 때 사전에 간단히 '같은 색 팀 조끼를 입은 아이들은 서로 맞출 수 없고, 다른 색 팀 조끼를 입은 아이만 맞추어 흡수할 수 있다.'라는 규칙을 이해시켜 주세요.

2 머리를 맞은 아이는 아웃되지 않습니다. 모든 피구의 공통 규칙입니다. 낮게 숙이다가 맞을 경우를 제외하고 머리를 맞추면 아웃되지 않습니다. 아울러 공도 빼앗기게 됩니다. 이렇게 약속을 정해야 공을 더 낮고 안전하게 던지려고 노력할 것입니다.

3 일부러 공에 맞는 경우는 아예 놀이에서 제외시킵니다. 간혹 자기가 좋아하는 아이들 쪽에 가려고 일부러 맞혀달라고 하는 경우가 있습니다. 이런 경우에는 해당 경기에서 아예 빼겠다고 사전에 지도하고 시작하셔야 합니다. 되도록 승부욕을 없애려고 하는 피구에서 마저 승부욕을 보이는 아이들에게는 따로 지도가 필요합니다.

이렇게 놀면 더 재미있어요

1 손바닥 피구의 규칙을 더 합니다. 일반 피구의 규칙으로 하면, 아이들이 가운데 라인에서 멀리 도망치기 바쁩니다. 하지만 손바닥으로 공을 막으면 아웃되지 않는다는 규칙 하나만 더하면 아이들이 서로 가운데 라인까지 들어와 적극적으로 피구를 하게 됩니다. 이때 같은 팀 아이가 손으로 쳐낸 공에 맞아도 역시 아웃되지 않습니다.

2 양수샘 팀 조끼를 활용하면 더욱 편합니다. 아이스크림 몰에서 판매하는 양수샘 초간편 인성 팀 조끼를 추천합니다. 팀 조끼는 세탁도 불편하고 입고 벗는 과정을 학생들이 무척 번거로워합니다. 간단히 목에만 걸면 되기 때문에 아이들과 쉽게 사용할 수 있습니다.

3 반 대항 흡수 피구를 할 때는 외야로 아이들을 내보냅니다. 흡수 피구의 가장 큰 장점은 좁은 공간에서도 외야에 나가지 않고 계속 경기에 참여할 수 있다는 점입니다. 그런데 반별로 진행하면 아무래도 인원이 많아지기 때문에 가운데 라인 쪽에서만 공이 왔다 갔다 하는 경우가 많습니다. 이럴 때 사용하면 좋을 두 가지 팁을 소개해 드리겠습니다.

첫째, 처음 시작할 때부터 외야 세 방향에 각각 한 명씩 3명을 내보냅니다. 그러면 밖에 나간 공을 외야에 나간 아이들이 잡기 때문에 사방에서 공격할 수 있습니다. 둘째, 공을 2개로 늘려 주세요. 공이 어디에서 날아올지 모르고 경기의 속도가 2배로 빨라져 더욱 재미있습니다.

콩주머니를 지켜라

#훌라후프 #콩주머니 #술래가 상대 팀에서 가져오기 #우리 팀 지키기

준비물 훌라후프, 콩주머니
대형 모둠

체력은 사람이 건강하게 살아가는 데 기초가 되는 신체 능력입니다. 체육 수업에서 아주 짧은 시간이지만 아이들 모두가 '근력'과 '유연성' 그리고 '심폐 지구력' 등을 키울 수 있는 놀이를 하나만 추천하라고 한다면 저는 늘 '콩주머니를 지켜라' 게임을 소개합니다.

놀이 효과

'콩주머니를 지켜라' 게임은 체육관 어디에나 있는 훌라후프와 콩주머니만 있으면 아이들이 쉴 새 없이 즐겁게 놀 수 있는 체육 놀이입니다. 건강 체력 중에서 심폐 지구력을 확실히 키울 수 있고, 운동 체력 중에서는 순발력과 민첩성을 효과적으로 키워줄 수 있습니다.

단계별 놀이 방법

1 먼저 4명씩 모둠을 짜고 훌라후프를 나누어 줍니다. 각 모둠에서는 모둠 번호를 1번, 2번, 3번, 4번 순으로 정합니다.

2 가운데 훌라후프를 중심으로 5m 정도 떨어져 원형 대형으로 훌라후프를 놓습니다.

3 가운데 훌라후프 안에는 콩주머니를 50개 정도 넣습니다.

4 이제 한 모둠은 술래가 되어 다른 모둠에서 콩주머니를 훔쳐 가지 못하도록 지켜야 하고, 다른 모둠에서는 한 명씩 나와서 콩주머니를 훔쳐 가야 합니다.

5 먼저 각 모둠의 1번들이 몰래 다가와 술래 모둠의 1번이 지키고 있는 콩주머니를 훔쳐 자기 모둠의 훌라후프로 가져갑니다.

6 콩주머니를 훔쳐 가다 술래의 손에 닿으면, 가져가던 콩주머니를 가운데 훌라후프에 다시 넣고, 그 모둠의 2번이 나옵니다.

7 술래 모둠의 아이는 콩주머니를 지키다 지치면 술래 모둠의 2번과 하이파이브를 하며 교대하고, 2번이 나와서 콩주머니를 지킵니다.

8 2분의 시간이 지나면 각 모둠에서 모은 콩주머니가 모두 몇 개인지 확인합니다.

9 가장 적게 모은 모둠은 다음 술래가 되어 2라운드를 진행하는 2분 동안 콩주머니를 지켜야 합니다.

놀이 지도 시 주의할 점

1 술래 역할도 골고루 해야 합니다. 유독 술래가 즐거운 아이는 혼자서만 술래 역할을 다해서 다른 아이들이 술래할 기회를 뺏어버리곤 합니다. 술래는 최대 30초마다 돌아가면서 하기로 약속하고 시작합시다.

2 콩주머니를 훔치러 다가오는 아이들을 막기는 쉽지 않습니다. 네 방향에서 오는 아이들을 다 보지 못하기 때문입니다. 그러다 보니, 막으려고 거칠게 팔을 휘두르다 그 팔에 얼굴 등을 맞고 다치는 경우가 종종 있습니다. 지키고 있다가 발견하면 손으로 가볍게 치자고 부탁하고 시작합니다.

3 콩주머니를 술래 몰래 가져가다 잡혔을 경우, 가져가던 콩주머니를 대충 던져버리고 가는 경우가 많습니다. 반드시 가운데 훌라후프 안에 넣고 자기 모둠 자리로 돌아가도록 약속합니다.

이렇게 놀면 더 재미있어요!

1 처음 시작하기 전에는 가볍게 콩주머니를 모둠별로 20개 정도씩 나누어주고, 모둠 번호순으로 자기 모둠 훌라후프 안에 들어갑니다. 그런 후 가운데 훌라후프에 던져 넣는 놀이를 해 보세요. 6학년 체육 교육과정에서 '표적형 경기'로 응용해도 재미있게 시작할 수 있습니다.

2 술래 몰래 콩주머니를 가져가는 것도 재미있지만, 술래가 되어 콩주머니를 지키는 활동도 재미있습니다. 한 라운드가 끝났을 때, 훌라후프는 그대로 두고 시계 방향으로 모둠이 이동하도록 해 보세요. 자연스럽게 한 모둠은 술래 모둠이 되어 술래를 하게 됩니다.

3 숫자 원형 마커를 준비하면 더 재미있게 놀 수 있습니다. 여기저기 숫자 원형 마커를 놓고, 정해진 출발선에 서서 콩주머니를 던집니다. 두 팀으로 나누어 던지고, 마지막에 콩주머니가 올라간 숫자 수를 더해서 점수를 계산합니다.

서둘러 찾아라 카운트 100

#1부터 100 숫자 쓰기 #최대한 빨리 쓰기 #6이 나오면 그만 쓰기 #주사위와 운

준비물 학습지, 주사위
대형 모둠

아이들이 숫자를 처음 공부할 때, 1부터 100까지 반복적으로 쓰기만 한다면 무척 재미없을 것입니다. 만약 주사위를 준비하고, 주사위에 숫자 6이 나올 때까지 숫자를 1부터 차례대로 써야 하는 조건이 들어간다면 어떨까요? 아이들은 숫자 100을 쓸 때까지 정신없이 바쁘게 집중하게 되는 특별한 놀이, '카운트 100' 게임을 소개합니다.

놀이 효과

'카운트 100' 게임은 모둠 친구가 주사위를 계속 던져서 숫자 6이 나올 때까지 숫자를 1부터 100까지 써야 하는 수학 놀이입니다.
놀이의 요소 중에서 '운'을 활용하는 놀이라 따로 수학적인 실력이 필요하지 않아 모두 즐겁게 참여할 수 있습니다. 아울러 주사위를 던지면서 1부터 6까지 숫자를 계속 확인하고, 1부터 100까지 숫자를 계속 쓰면서 숫자 공부도 되는 재미있는 놀이입니다.

단계별 놀이 방법

1 100개의 칸이 그려져 있는 학습지를 나누어주고, 모둠의 1번이 펜을 잡습니다.

2 선생님의 "시작" 신호와 함께 모둠의 1번은 숫자를 1, 2, 3, 4⋯. 순으로 칸마다 쓰기 시작하고, 모둠의 2번은 주사위를 굴립니다.

3 주사위 숫자가 6이 나오지 않으면, 모둠의 3번에게 주사위를 넘깁니다. 다시 나오지 않으면 모둠의 4번에게 주사위를 넘겨야 합니다. 이렇게 번갈아가며 모둠의 2번, 3번, 4번이 차례대로 주사위를 던집니다. 그동안 1번은 계속 숫자를 씁니다.

4 누군가 던진 주사위가 6이 나왔다면 "그만"이라고 외치고, 숫자를 쓰던 1번은 숫자 쓰기를 멈추고 펜을 모둠의 2번에게 넘깁니다.

5 이제 모둠의 2번이 숫자를 1부터 차례대로 쓰기 시작합니다. 이때 모둠의 1번, 3번, 4번은 주사위가 6이 나올 때까지 차례대로

주사위를 굴립니다.

6 **이렇게 진행하다 누군가 먼저 숫자 100까지 쓰면 그 아이가 승리하게 됩니다.**

놀이 지도 시 주의할 점

1 이기는 것도 중요하지만, 숫자를 쓰는 연습을 하는 놀이라는 것을 잊지 않도록 안내해야 합니다. 숫자는 그 칸에 2/3 이상 들어가도록 써달라고 안내해 주세요. 그래야 아이들이 큼직큼직하게 숫자를 제대로 쓰는 연습이 됩니다.

2 자꾸만 승부욕에 "그만"이라고 했는데 숫자 하나라도 더 쓰려는 아이들이 있을 수 있습니다. 놀이를 시작하기 전부터 그런 일이 있으면 어떻게 해야 할까요? 그럴 땐 아이들이 직접 정할 수 있도록 물어봐 주세요. 자연스럽게 "그만"이라고 외친 후에도 계속 숫자를 쓰는 친구들이 있다면 숫자를 지우자고 아이들끼리 규칙을 정할 것입니다.

이렇게 놀면 더 재미있어요!

1 처음 시작할 때는 숫자 대신 O를 그리게 합니다. 카운트 100 게임을 시작할 때는 바로 숫자 쓰기로 들어가지 않고, 놀이의 규칙을 익힐 수 있도록 O를 그리도록 해보세요. 바쁘게 O를 그리면서 단순하

지만 즐겁게 놀이를 자연스럽게 익히게 될 것입니다.

2 주사위는 꼭 한 명만 던지게 합니다. 좀 더 속도감 있게 카운트 100 게임을 즐기고 싶다면, 한 명은 주사위를 던지고 남은 세 명은 펜으로 숫자를 쓰도록 해도 재미있습니다. 주사위 눈금이 6이 나올 때까지 계속 던져야 해서 던지는 아이는 더욱 정신없이 바쁜 놀이입니다.

3 사회 시간, 지구본에서 나라 찾기 게임으로 응용합니다. 6학년 2학기 사회 시간에는 '세계 여러 나라의 자연과 문화'에 관해 공부합니다. 이때 사회과 부도에 만들기 자료로 지구본을 만들고 지구본에서 나라 찾기 게임을 카운트 100으로 즐겨 보세요. 선생님이 불러주는 나라를 각 모둠의 세 명이 지구본에서 찾는 동안, 모둠의 1번은 숫자 1부터 100까지 적으면 됩니다.

정답 수를 추리하는 목표 정답자 퀴즈

#정답자 수 예상하기 #예상 성공하면 보너스 #틀려도 괜찮아

준비물 골든벨판, 마커, 마커 지우개
대형 모둠

2019년 JTBC '아는 형님' 프로그램을 통해 '목표 정답자 퀴즈'라는 새로운 형태의 놀이가 소개되었습니다. 아이들은 늘 문제를 보면 정답을 써야 했습니다. '목표 정답자 퀴즈'는 그런 고정관념을 깨고, 제시된 목표 정답자 수에 따라 반드시 정답을 적을 필요가 없는 재미있는 학습 놀이입니다.

놀이 효과

'목표 정답자 퀴즈'의 가장 큰 장점은 수업 준비에 큰 에너지가 들지 않는다는 것입니다. 아울러 정답을 맞히지 못해도 틀렸다는 비난을 받을 염려가 전혀 없는 놀이입니다. 때로는 일부러 오답을 적어도 되는 놀이라 부담 없이 참여할 수 있고, 이 과정에서 정답이 무엇인지 확인할 수 있으니 학습에도 도움이 될 수 있습니다.

단계별 놀이 방법

1 모둠별로 골든벨판과 마커, 마커 지우개를 가지고 모입니다.

2 모둠별로 모여 교과서에서 고른 문제를 하나 골든벨판에 적고, '목표 정답자 수'를 문제 아래에 적습니다.

3 이제 1모둠부터 준비한 문제를 다른 모둠에게 제시합니다.

"80일간의 세계 일주에서 포그는 영국 돈 2만 ○○○의 내기를 했습니다. 영국 돈의 단위인 이것은 무엇일까요? 목표 정답 모둠 수는 다섯 모둠 중에서 세 모둠입니다."

4 이제 2, 3, 4, 5, 6모둠은 서로 상의 후에 영국 돈의 단위를 골든벨판 에 적습니다.

5 모두 다 적었다면 정답 모둠 수를 확인합니다. 정답을 확인했을 때 모둠 수가 정확하게 맞으면 목표 정답 모둠 수에 맞게 답을 적은 세 팀은 정답 모둠 수 × 10점의 점수를 받게 됩니다. 하지만 세 모둠을 넘거나 모자라면, 아무도 점수를 받지 못합니다.

6 다음으로 2모둠에서 준비한 문제와 목표 정답 모둠 수를 제시합니다. 모둠 순서를 따라 차례대로 문제를 내 진행합니다.

놀이 지도 시 주의할 점

1 대개 아이들이 직접 문제를 출제하는 경우, 문제를 낸 모둠은 점수를 받지 못하는 경우가 많습니다. 하지만 목표 정답자 퀴즈에서는

출제한 모둠도 몇 모둠이 정답을 맞힐 수 있을지 추리해서 목표 정답자 수를 제시하기 때문에 보너스 점수를 받을 수 있습니다. 역시 정답 모둠 수 × 10점의 점수를 받기로 약속합니다.

2 목표 정답자 수를 제시할 때, 모든 모둠이 맞힐 정도로 쉬운 난이도나 모든 모둠이 틀릴 정도의 어려운 난이도로 출제하면 놀이가 재미없습니다. 때로는 각 모둠에서 정답을 알아도 전략적으로 오답을 적을 수 있도록 어느 정도는 도전할만한 정도로 출제하도록 합니다.

이렇게 놀면 더 재미있어요!

1 정답이 뻔한 객관식 퀴즈로 진행해도 재미있습니다.

"공양미 300석에 심청이가 자신의 몸을 던진 곳은 어디입니까?
① 삼다수 ② 인당수 ③ 아리수 ④ 월, 화, 수

이런 문제를 푸는 아이들의 마음은 어떨까요? 교과서 내용 중에도 다른 예시를 재치 있게 만들면, 충분히 즐거운 퀴즈를 만들 수 있습니다.

"태양계에는 다양한 행성이 있습니다. 다음 중에서 가장 큰 행성은 어디일까요?"
① 목성 ② 안성 ③ 홍성 ④ 고성

2 "틀리는 걸 두려워하면 안 돼. 함께 생각하면서 정답을 찾아가는 거야. 구름 위의 신령님도 틀릴 때가 있는데, 어린 우리들이 틀린다고 뭐가 이상해. 당연하다고. 틀리는 게 왜 나빠. 누가 웃거나 화를 낸다 해도 절대 기죽으면 안 돼! 이런 멋진 교실을 만들자." 마키타 신지의 『틀려도 괜찮아』에 나오는 글입니다.

교실에서 아이들은 늘 정답을 말해야 하는 부담 속에서 살아갑니다. 아이들이 교실에서 발표를 잘 하지 않는 가장 큰 이유는 틀렸을 때 겪었던 부끄러움과 부담스러움 때문이지 않을까 싶습니다. 그래서 준비했습니다. 무조건 '오답'을 이야기해야 하는 '오답 퀴즈'입니다.

함께 읽은 교과서를 덮고, 교과서 속에서 헷갈릴 수밖에 없는 질문을 준비합니다. 6학년 2학기 국어 교과서에서 '의병장 윤희순'을 공부했다면, 일부러 헷갈리는 문제를 내면 됩니다.

"윤희순은 의병장으로 여성들의 독립운동 참여를 촉구하는 '안사람 의병가'를 지어 널리 알렸습니다. 윤희순은 일제가 나라를 강점하자 ( )년에 가족과 함께 중국으로 망명해 독립운동을 했습니다."

① 1910년 ② 1911년 ③ 1912년 ④ 1913년

학생들이 만드는 모둠 골든벨 퀴즈

#문제 내며 복습#너무 어려우면 감점 #문제 풀며 또 복습

준비물 골든벨판, 마커, 마커 지우개, 포스트잇
대형 모둠

매 수업 시간마다 선생님이 교과 내용 중에서 문제를 만들고 PPT를 준비하는 것은 보통 곤혹스러운 일이 아닙니다. 중등 교사들과 달리 단 한 번의 수업을 하고 다시 가르칠 일이 없는 교과 내용을 위해 많은 에너지를 쓰는 것도 쉽지 않습니다. 그럼, 에너지를 쓰지 않고 아이들이 직접 교과 내용을 돌아볼 수 있도록 골든벨을 운영하려면 어떻게 해야 할까요?

놀이 효과

'모둠 골든벨 퀴즈'는 학생들이 교과서를 보면서 직접 문제를 만드는 활동으로 문제를 만들면서 1차 복습이 되고, 친구들과 함께 서로 만든 골든벨 퀴즈를 풀어보면서 다시 2차 복습이 되는 수업 놀이입니다. 게다가 모든 모둠이 맞히거나 모든 모둠이 다 틀려도 감점이 되기 때문에 문제의 난이도를 어떻게 조절해야하는지 터득하게 해줍니다. 선생님 입장에서도 수업 준비의 부담 없이 학생들이 즐겁게 참여할 수 있어서 좋습니다.

단계별 놀이 방법

1 놀이를 시작하기 전부터 각 모둠에 기본 점수 100점씩을 먼저 주고 시작합니다.

2 수업을 마치고 잠시 모둠별로 모여서 교과서를 살펴보며 문제를 만듭니다. 먼저 두 문제를 만들어 포스트잇에 적도록 합니다.

3 이제 1모둠부터 모둠에서 만든 문제를 하나 골라 읽어 줍니다.

4 나머지 모둠에서는 서로 상의한 후, 모둠이 생각한 정답을 골든벨 판에 적습니다.

5 선생님의 "하나, 둘, 셋" 신호와 함께 골든벨 판을 들어 올립니다.

6 선생님이 정답을 발표하면, 정답을 맞힌 모둠은 골든벨판을 흔들고 틀린 모둠은 골든벨판을 내립니다.

7 이때 한 모둠만 정답을 맞혔다면 그 모둠만 30점을 받습니다. 예를 들어 6모둠 중에서 한 모둠이 문제를 내고 다섯 모둠 중 한 모둠이 맞았다면 그 모둠만 30점을 받습니다. 만약 두 모둠이 정답을 맞혔다면, 두 모둠은 각각 20점씩 받습니다. 세 모둠이, 또는 세 모둠 이상이 정답을 맞혔다면, 각각 10점씩 받게 되는 구조입니다.

8 그런데 모든 모둠이 문제를 다 틀렸다면, 지나치게 어려운 문제를 내었으므로 문제를 낸 모둠이 10점 감점을 받습니다. 반대로 모든 모둠이 정답을 맞혔을 때도 지나치게 쉽게 문제를 낸 대가로 문제를 낸 모둠은 10점 감점을 받게 됩니다. 따라서 지나치게 어렵거나 지나치게 쉽게 내지 않도록 문제를 잘 내야 합니다.

9 모둠별로 한 문제씩 돌아가면서 2문제씩 풀고 골든벨 퀴즈를 마무리 합니다.

놀이 지도 시 주의할 점

1 아이들에게 교과서에서 문제를 내게 할 때 가장 많이 나오는 실수는 두 가지입니다. 하나는 교과서 본문 앞쪽에서만 내는 것, 둘째는 지나치게 구석에서 내고 답도 확실하지 않은 문제를 내는 것입니다. 따라서 교과서 본문 가운데 앞, 중간, 끝 부분에서 골고루 문제를 뽑도록 해야 함을 미리 안내하면 좋습니다.

2 종종 확인하지 않으면, 답을 여러 개 내는 경우가 있습니다. 문제를 낼 때에는 답을 꼭 하나만 나오도록 지도합니다.

3 처음 모둠 골든벨 퀴즈를 진행하면, 아이들이 점수를 어떻게 받는지 잘 이해하지 못해서 혼선이 생깁니다. 따라서 칠판 한쪽에 점수 배점 규칙을 적어 아이들이 볼 수 있도록 해 주세요.

모든 모둠이 다 맞거나 다 틀리면: 출제 모둠 10점 감점
한 모둠만 맞으면: 그 모둠만 30점 득점
두 모둠만 맞으면: 두 모둠만 20점 득점
세 모둠 이상 맞으면: 세 모둠 이상 10점 득점

이렇게 놀면 더 재미있어요!

1 선생님도 문제를 출제합니다. 아이들은 어떻게 문제를 내면 좋을지 잘 모르는 경우가 많습니다. 교과서에서 꼭 다뤄야 하는 부분이 있으면, 선생님이 따로 문제를 만들어 제시하는 것이 좋습니다. 학생들에게 온전히 맡기는 학생중심 수업을 하다보면 성취기준에 초점을 맞추지 못한 결과로 진행될 수도 있기 때문입니다.

2 모둠에서 만든 문제로 '가위 바위 보 카드 게임'을 합니다. A4용지를 한 장씩 나누어주고, 세 번 접은 후 오리면 8장의 쪽지가 만들어집니다. 모둠별로 모여서 각자 8장의 문제를 만듭니다. 이렇게 만든 문제는 두 번 접어서 자기 모둠 책상 위에 둡니다. 4명 한 모둠이라면, 32장의 쪽지가 만들어집니다.

이제 선생님이 "시작"이라고 외치면, 자기 모둠 쪽지 중에서 한 장을 골라 다른 모둠 아이와 만납니다. 만나면 둘씩 가위 바위 보를 해서 이긴 아이는 진 아이의 문제를 사냥할 수 있습니다. 진 아이의 문제를 듣고 맞히면 문제 카드를 받아서 자기 모둠 책상 위에 올려 모읍니다. 문제 카드를 뺏긴 학생은 자기 모둠으로 돌아가 다른 문제 카드를 가지고 다시 게임에 참여합니다.

(　　)모둠
(문제) 이순신 장군이 마지막에 전사하신 해전은 ○○해전이다.

만약 가위 바위 보에 이긴 학생이 상대 팀 진 아이가 낸 문제의 정답을 알지 못한다면, 반대로 가위 바위 보에서 이긴 학생이 자신의 카드에 있는 문제를 읽어주면 됩니다.

자신을 돌아보는 '내가 누구게?' 게임

#심성놀이 #정체성 성찰하기 #내 이미지 돌아보기 #예상과 실제

준비물 학습지
대형 전체

'당신은 누구입니까?' 이 뜬금없는 질문에 여러분은 어떤 대답을 하시겠습니까? 이 질문은 무척이나 심오하고 어렵지만, 내가 어떻게 살아왔는지 알아볼 수 있는 질문입니다.
자신이 누구인지 정체성을 들여다보는 또 하나의 방법은 '다른 사람들이 나를 어떻게 생각하는가?'를 알아보면 됩니다. '내가 누구게' 게임은 학기 말 즈음, 또는 도덕 시간이나 창체 시간에 자신이 어떻게 살아왔는지 친구들의 눈을 통해 거울처럼 자신을 돌아보는 심성놀이입니다.

놀이 효과

'내가 누구게' 심성 놀이는 그동안 가장 친하게 지냈던 친구들을 찾아가서 내가 그 친구들에게 어떤 이미지로 비추어졌는지 묻고 자신을 돌아보는 '성찰 활동'입니다. 내가 친구들에게 어떻게 보이기를 원하는지 생각할 시간을 가지고, 친구들이 나를 어떻게 생각하는지 피드백하는 과정을 통해 아이들이 '앞으로 어떻게 살아갈 것인가?' 생각하고 다짐하는 따뜻한 시간이 될 것입니다.

단계별 놀이 방법

1 먼저 학습지의 뒷면에 자신이 친구들에게 어떤 이미지일지 생각해보고, '미리 예상해 보는 내 이미지' 세 가지만 적어 봅시다. (예: 친구가 많고, 약속을 잘 지키고, 그림을 잘 그린다.)

〈미리 예상해보는 내 모습〉

나 ____________(은)는

1. ____________________

2. ____________________

3. ____________________

한 학생입니다.

2 이제 돌아다니며 그동안 가장 친하게 지냈던 친구들을 만납니다. 그리고 학습지를 바꿔 서로에게 느꼈던 이미지를 각각 3가지씩 적어 줍니다.

3 8명의 친구를 만나고 모두 적은 후에는 아래쪽에 가장 많이 나온 단어부터 차례대로 3가지를 적습니다.

4 마지막으로 모둠별로 우리 모둠이 좋아하는 친구, 싫어하는 친구의 특성을 발표합니다. 이때 그 결과를 칠판에 적고 공통적으

로 겹치는 특성을 따로 모아 우리 반이 가장 좋아하는 친구의 특징 베스트3, 싫어하는 친구의 특징 베스트3을 투표합니다. 그리고 그 결과를 학습지에 적습니다.

5 처음 스스로 생각했던 이미지와 친구들이 써준 이미지를 비교하여 친구들 앞에서 발표합니다.
"저는 친구가 많은 활발한 아이라고 적어줄 거라 생각했는데, 의외로 그렇게 생각하지 않는 것 같아서 아쉬웠습니다. 그래도 그림을 잘 그리고 친구들 이야기를 잘 들어주는 아이라고 써줘서 기분 좋았습니다."

6 마지막으로 내가 원하는 이미지대로 친구들이 느끼도록 하려면, 앞으로 어떤 노력을 기울여야 할지 발표하고 수업을 마칩니다.

놀이 지도 시 주의할 점

1 친구들에게서 발견한 이미지를 적으라고 하면 막연해서 무엇을 적을지 모르는 아이들이 많습니다. 먼저 대표로 한 아이를 일으켜 세워서 그 아이에게서 발견한 이미지들을 발표하게 하고, 그것을 칠판에 적어 주세요. 이런 과정을 통해 어떤 글을 적어주어야 할지 아이들이 감을 잡기 시작합니다. 저는 1991년 시작된 '버츄 프로젝트'를 통해 선정한 52가지 미덕의 단어를 화면으로 제시하고 참고하도록 하고 있습니다.

감사	배려	유연성	창의성
결의	봉사	이상 품기	책임감
겸손	사랑	이해	청결
관용	사려	인내	초연
근면	상냥함	인정	충직
기뻐함	소신	자율	친절
기지	신뢰	절도	탁월함
끈기	신용	정돈	평온함
너그러움	열정	정의로움	한결같음
도움	예의	정직	헌신
명예	용기	존중	협동
목적의식	용서	중용	화합
믿음직함	우의	진실함	확신

2 아이들에게 온전히 맡기고 진행하면 의외로 부정적인 표현들을 많이 써준다는 것을 알게 됩니다. 처음 '내가 누구게' 놀이를 시작했을 때, '욕을 잘한다.', '지각을 많이 한다.', '돈을 안 갚는다.' 등 평소 그 친구에 대해 느낀 불만을 적은 글들을 발견하고 조금 실망스러웠습니다. 하지만 다음 해부터는 미리 시작할 때부터 이런 글을 받으면 그게 사실이라도 친구가 어떤 마음일지 헤아려 보게 하고 있습니다.

3 '내가 누구게' 심성놀이는 단순 활동으로만 끝내면 아쉽습니다. 좀 더 진지하게 스스로 생각해 보고, 앞으로 반 친구들과 남은 시간, 어떻게 살아야 할까? 고민하는 시간이었으면 좋겠습니다. 그렇게 깊게

녹여낸 생각은 '글쓰기 공책'에 정리하도록 해 주세요. 저희 반 아이가 쓴 글을 참고하시면 도움이 될 것입니다.

이번에도 슬픈 심성놀이일까 생각했는데, 내가 친구들에게 어떤 아이인지 돌아보는 놀이였다. 내가 아이들에게 받고 싶은 이미지는 글을 잘 쓰고, 공책정리를 잘 하며, 착한 아이라는 이미지를 원했는데, 내가 받은 이미지는 잘 놀아줘(3표), 머리 짧아, 친절해, 성실해(2표)가 나왔다.
친절하고 성실하다는 이미지는 좋은데, 내가 바라는 이미지가 나오지 않아 조금 슬펐다. 앞으론 내가 바라는 이미지를 친구들에게 보여주려고 많이 노력해야겠다. 이 심성놀이는 나 자신의 이미지를 보여주는 게임 같았다. 그래서 가족들과도 해보고 싶다. 가족들과 함께 하면 더욱 좋은 놀이일 것 같다. 무척 즐거운 시간이었다.

뒷장에 내가 듣고 싶은 말을 쓰라 하셨을 때 '나 김수민은 조용하고, 양보 잘하고, 친절한 어린이입니다'라고 썼다.
친구들이 써준 대답은 '양보 잘하는 6표, 예뻐 2표, 조용하고 뭐든지 잘해, 성실해, 친구가 많아가 1표, 친절하고 귀엽다는 대답이 3표였다. 착해가 1위, 친절하고 귀여워가 2위, 양보 잘하고 예뻐가 3위였다. 비록 조용하다는 표는 한 표 밖에 안 나왔지만, 양보를 잘하고 친절하다는 대답이 나와 기분이 좋았다. 심성놀이는 역시 재미있었다.

이렇게 놀면 더 재미있어요!

1 선생님도 함께 써주도록 합니다. 의외로 찾아갈 8명의 친구들이 없어서 어색해하는 아이들이 많이 있습니다. 친구를 찾아가지 못하는 아이가 있으면, 선생님이 중재해 서로 만나게 도와주시고, 틈틈이 한 줄은 선생님이 그 아이에게 느꼈던 좋은 점을 써주세요. 아이도 무척 기뻐할 것이고 선생님에 대한 호감도도 더욱 높아질 것입니다.

2 가위 바위 보 게임으로 즐겁게 진행합니다. 서로 만나서 진행하는 것이 어색하다면, 놀이로 승화했을 때 아이들은 더욱 적극적으로 서로를 만나게 됩니다. 이때 서로 가위 바위 보를 하고 진 아이만 이긴 아이의 학습지에 3가지 장점을 적도록 해보세요. 더욱 적극적으로 활동에 참여하는 아이들을 보게 될 것입니다.

나는 어떤 친구일까?
'좋은 친구 되기' 프로젝트

#좋은 친구란? #나는 어떤 친구? #비난보다 사랑해 주세요

준비물 포스트잇(2종), '나는 어떤 친구일까요?' 학습지
대형 모둠

2021년 한국교원단체총연합회가 교원을 대상으로 한 설문조사에서, 공교육이 봉착한 심각한 문제 중 1위로 꼽힌 것은 무엇일까요?
바로 '교우관계 형성 및 사회성, 공동체 인식 저하'입니다. 학급에서 공동체 생활을 하는 아이들이 원만한 교우 관계를 형성하게 하는 일은 교사에게 늘 어려운 숙제처럼 여겨집니다. 제가 오랜 기간 학급 담임을 맡으며 느낀 것은, 아이들이 친구에게 느끼는 섭섭함이 대개 비슷한 이유에서 비롯된다는 점입니다. 원만한 교우 관계를 형성하기 위해 활동을 하면 좋을까요?

놀이 효과

이번 활동은 친구들과 잘 지내고 싶은데 잦은 갈등을 겪는 아이들에게 '어떤 친구가 좋은 친구'이고, '내가 좋은 친구가 되려면 어떻게 노력해야 하는지' 생각해 볼 수 있는 좋은 프로그램입니다.

내가 싫어하는 친구가 어떤 친구인지 생각해보고, 내가 싫어하는 친구의 모습을 얼마나 가지고 있는지 돌아보는 시간만으로도 한층 더 좋은 친구가 되도록 도와줄 것입니다.

단계별 놀이 방법

1 학생들에게 파란 포스트잇과 빨간 포스트잇을 각각 3장씩 나누어 줍니다. 정해진 색깔은 아니니, 두 가지 다른 색 포스트잇을 준비하면 됩니다.

2 파란 포스트잇에는 내가 좋아하는 친구의 특징, 예를 들어 '유머 있는 친구', '공부를 잘하는 친구', '착한 친구', '외모가 예쁜 친구' 등 3가지를 생각하고 적습니다.

빨간 포스트잇에는 내가 싫어하는 친구의 특징, 예를 들어 '험담하는 친구', '잘난 체하는 친구', '친구 따돌리는 친구' 등 3가지를 적습니다.

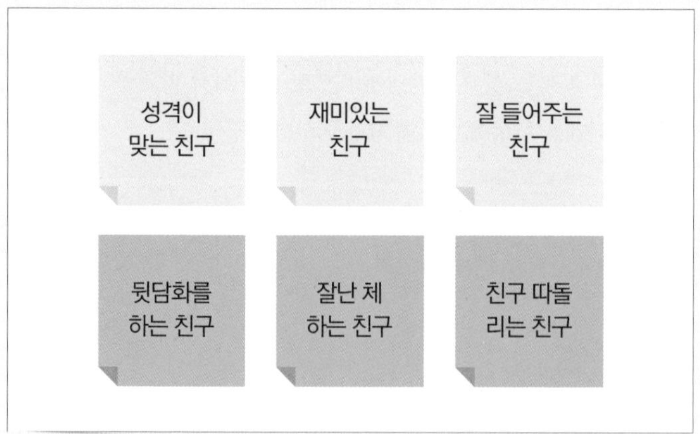

3 이제 모둠별로 모여 자신이 적은 포스트잇을 보여주고 '우리 모둠 아이들이 좋아하는 친구의 특성', '우리 모둠 아이들이 싫어하는 친구의 특성'을 각각 3가지씩 뽑고 학습지에 기록합니다.

나는 어떤 친구일까요?

이름 홍길동

1. 내가 좋아하는 친구, 싫어하는 친구의 특성

내가 좋아하는 친구의 특성	내가 싫어하는 친구의 특성
1. 성격이 맞는 친구	1. 뒷담화를 하는 친구
2. 재미있는 친구	2. 잘난 체하는 친구
3. 잘 들어주는 친구	3. 친구를 따돌리는 친구

2. 우리 모둠이 좋아하는 친구, 싫어하는 친구의 특성

우리 모둠이 좋아하는 친구 베스트3	우리 모둠이 싫어하는 친구 베스트3
1. 착한 친구	1. 잘난 체하는 친구
2. 잘 들어주는 친구	2. 친구 괴롭히는 친구
3. 재미있는 친구	3. 모둠 활동할 때 따로 노는 친구

4 **마지막으로 모둠별로 특성을 발표합니다. 이때 그 결과를 칠판에 적고, 공통적으로 겹치는 특성을 따로 모아 우리 반이 가장 좋아하는 친구 특성 베스트3, 싫어하는 친구 특성 베스트3을 투표합니다. 그리고 그 결과를 학습지에 적습니다.**

3. 우리 반이 좋아하는 친구, 싫어하는 친구 베스트3

(1) 우리 반이 좋아하는 친구 베스트3

성품	0	1	2	3	4	5	6	7	8	9	10
재미있는 친구											
잘 들어주는 친구											
성실한 친구											

(2) 우리 반이 싫어하는 친구 베스트3

성품	0	1	2	3	4	5	6	7	8	9	10
잘난 체하는 친구											
따돌리는 친구											
뒷담화하는 친구											

5 이 특성을 점수로 매긴다면 나는 몇 점을 받게 될지 생각해 봅니다. 그런 후에 받을 점수만큼을 형광펜으로 칠합니다.

3. 우리 반이 좋아하는 친구, 싫어하는 친구 베스트3

(1) 우리 반이 좋아하는 친구 베스트3

성품	0	1	2	3	4	5	6	7	8	9	10
재미있는 친구											
잘 들어주는 친구											
성실한 친구											

6 마지막으로 스스로 자신이 좋은 친구인지, 안 좋은 친구인지 점검한 결과를 살펴보고 앞으로 더 좋은 친구가 되려면 어떤 노력을 기울여야 할지 적어봅시다. 그리고 그 결과를 친구들 앞에서 발표해 봅니다.

놀이 지도 시 주의할 점

1 우리 반이 좋아하는 친구의 특성과 달리 '우리 반이 싫어하는 친구의 특성'은 점수가 높을수록 좋지 않다는 의미입니다. 종종 거꾸로 생각하는 아이들이 있기 때문에 따로 설명을 해주셔야 합니다.

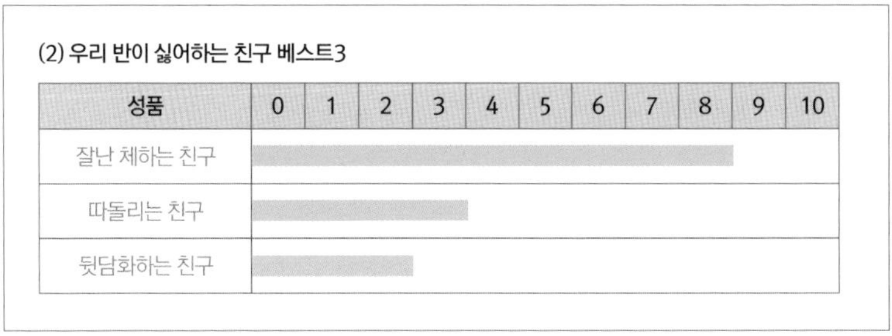

(2) 우리 반이 싫어하는 친구 베스트3

성품	0	1	2	3	4	5	6	7	8	9	10
잘난 체하는 친구											
따돌리는 친구											
뒷담화하는 친구											

2 개인별로, 그리고 모둠별로 좋아하는 친구와 싫어하는 친구의 특성을 쓰다 보면 비슷한데 다른 표현만 사용하는 경우가 많습니다.예를 들어 '재미있는 친구', '유머 있는 친구', '잘 웃기는 친구' 등은 표현은 다르지만, 유목화해서 '재미있는 친구'의 범주 안에 넣어 함께 정리해 주세요.

이렇게 놀면 더 재미있어요!

1 반 친구들 모두가 친해질 필요는 없음을 안내합니다. 반 친구들이 특별히 괴롭히는 게 아닌데도 자신을 적극적으로 챙겨 주지 않거나 끼워 주지 않으면 친구들이 자신을 싫어한다고 생각하는 경우가 더러 있습니다. 이런 얘기를 들으면 한 해를 함께하는 담임으로서 마음이

참 좋지 않습니다. 정신건강의학과 오은영 교수는 한 TV 프로그램에서 이렇게 말합니다.

> "영어로 같은 반 아이는 'classmate', 친구는 'friend'라고 해. 분명히 구별되지. 그런데 우리는 친한 친구도 '친구', 같은 반 아이도 '친구'라고 불러. 이걸 네가 구분해야 해. 같은 반 아이들은 그냥 싸우지 않고, 튀지 않고 지내면 되는 거야. 네가 궁금한 걸 물어보고, 누가 물어보면 대답해 줄 수 있는 정도면 돼. 소위 말하는 '절친'은 누구나 대개 3명을 넘기 어려워. 반 친구 모두와 절친처럼 지낼 수는 없단다. 그건 기대하지 마."

이렇게 말해주면 아이들이 의외로 마음을 편하게 가집니다. 이제야 반 친구들과 어떻게 지내야 하는지 알겠다고 하는 아이도 있습니다. 모든 친구와 친하게 지내는 것은 쉬운 일이 아닙니다. 원만한 교우관계는 다투지 않고 가끔 얘기하고 지내는 정도로도 충분합니다. 아이들이 '같은 반 아이=친한 친구'라고 인식하면, 반 친구들 모두와 친한 친구처럼 특별한 교류가 있을 것으로 기대합니다. 이런 기대가 충족되지 않을 때, 아이는 쉽게 '난 친구가 없다'고 느끼며 외로워합니다. 기시미 이치로의 저서 『미움받을 용기』에는 이런 구절이 있습니다.

> 열 명의 사람이 있다면 그중 한 사람은 반드시 당신을 비판한다. 당신을 싫어하고, 당신 역시 그를 좋아하지 않는다. 그리고 열 명 중 두 사람은 당신과 서로 모든 것을 받아 주는 더 없는 벗이 된다. 남은 일곱 명은 이도저도 아닌 사람이다.
> 이때 나를 싫어하는 한 사람에게 주목할 것인가, 아니면 나를 사랑해 주는 두 사람에게 집중할 것인가, 혹은 남은 일곱 사람에게 주목할 것인가, 그게 관건이야. 인생의 조화가 결여된 사람은 나를 싫어하는 한 명만 보고 세계를 판단하지.

반 친구 모두와 잘 지내고 싶은데, 왜 나를 싫어하는 친구가 있는지 고민하는 아이들에게 이 구절을 들려주고 이야기 나눠 주세요. 우리는 모든 사람에게 사랑받고 싶어 합니다. 그러나 아무리 모두에게 사랑 받으려고 노력해도, 누군가는 나를 싫어하고, 대부분은 내게 관심이 없습니다. 일부만 나를 좋아합니다. 『미움받을 용기』는 세상에 나를 미워하는 사람이 최소 10%는 있기 때문에 맷집을 길러야 한다고 말합니다. 이 관점에서 학급의 교우관계를 바라보면, 아이들을 억지로 친하게 만들 필요가 없습니다. 학급의 교우관계를 위해 지나치게 애쓰지 않아도 됩니다.

2 여러 가지 다양한 색깔의 색지를 같은 규격으로 잘라서 개인별로 3장씩 나누어줍니다. 그런 후에 '자신이 되고 싶은 좋은 친구의 모습'을 적습니다. 이제 돌아다니면서 친구 3명을 따로 만나는 데, 만날 때마다 자신의 색지 한 장에 있는 친구의 모습을 서로 번갈아 설명하고 바꿉니다. 이렇게 바뀌 온 조각들을 같은 모둠 아이들이 함께 4절지에 조각보로 풀칠해 붙여 완성합니다.

3 우리는 대개 친구의 단점은 쉽게 찾으면서도, 스스로를 단점이 없는 꽤 좋은 친구로 생각하는 경향이 있습니다. 이것은 사람의 당연한 본능이기도 합니다. 하지만 기억해 주세요! 친구를 가리키며 비난할 때, 세 손가락은 나를 향하고 있음을! 이번 활동을 통해 친구를 향한 비난은 결국 나를 향한 것임을 깨닫고, 스스로 더 좋은 친구가 되기 위해 노력하는 시간이 되길 바랍니다.

02

교실 속 도구를 활용한 수업 놀이

나승빈

스파이 컵을 찾아라!

#컵 옮기기 #다른색을 맨위로 #협응성놀이

준비물 스피드스택스(팀 숫자만큼), 종이컵 여러 개, 타이머, 점수판
대형 모둠

아이들은 스파이나 마피아 요소가 들어간 활동에 열광합니다. '스파이 컵을 찾아라!' 놀이는 교실이나 교재 연구실에 있는 스피드스택스 세트를 이용해서 할 수 있는 활동입니다. 놀이를 발전시켜 공동체 놀이, 수업 놀이로도 활용할 수 있습니다. 무언가를 찾아냈다는 성취감과 스파이가 누구인지 찾는 긴장감이 있습니다.

놀이 효과

아이들은 놀이 시작과 동시에 스파이 컵을 맨 위로 올리는 데 집중합니다. 무언가에 몰입해본 경험이 부족한 아이들에게 집중력 향상은 꼭 필요한 과정 중에 하나입니다. 그래서 이 놀이는 〈과제에 집중하기〉라는 SA람 기술(Social&Academic Skills)을 가르치고 연습할 때 매우 효과적이기도 합니다.

또, 컵이 바닥에 떨어지지 않도록 주의하고 혹시 떨어지더라도 다시 처음부터 하면 된다는 삶의 지혜도 배울 수 있습니다.

단계별 놀이 방법

1 스피드스택스(컵 쌓기) 세트를 준비합니다.

2 컵을 가능한 여러 색으로 준비하면 팀으로 대결할 때 구분이 쉽게 되어 좋습니다.

3 12개를 기준으로 11개는 같은 색, 1개를 다른 색으로 한 세트를 만듭니다.

4 맨 아래에 다른 색 컵을 두고 '시작' 구호에 맞춰 위에서 아래로 컵을 옮깁니다.

5 다른 색 컵을 먼저 맨 위로 옮기면 "스파이 찾았다!"라고 외칩니다.

6 먼저 외친 순서대로 점수를 받습니다.

7 익숙해지면 팀 릴레이로 대결합니다.

놀이 지도 시 주의할 점

1 이 게임은 속도보다 정확성이 중요한 게임입니다. 한 번에 컵을 1개씩 위에서 아래, 또는 아래에서 위로 올립니다. 서두르다 보면 2개를 옮기는 경우도 있는데, 그런 경우 처음부터 다시 해야 합니다. 또 아이들이 서두르다가 바닥에 떨어뜨리는 경우도 생깁니다. 역시 처음부터 다시 해야 합니다. 열심히 하려고 했는데 더 늦어지는 경우가 있음을 미리 안내해 주고, 연습할 때는 빠른 속도보다는 떨어뜨리지 않고 한 번에 한 개씩 옮기는 연습해서 감을 익히도록 지도해 주세요.

2 저학년이거나 손이 작은 아이들은 한 손으로 들고 다른 손으로 컵을 옮기는 게 어려울 수 있습니다. 그럴 때는 책상에 컵을 올려둔 상태에서 옮기는 것으로 합니다. 팀으로 하는 경우에는 팀에서 1명 정도 책상을 이용할 수 있게 하면 좋습니다. 또는 몸을 이용하여 배나 다리에 컵을 올려서 떨어지지 않게 할 수 있음을 안내합니다.

3 연습할 때는 컵 6개 중에 1개를 스파이 컵으로 해서 연습합니다. 아이들이 익숙해지고 잘할 수 있으면 컵 수를 늘려 나갑니다. 컵 수가 많아지면 점차 난이도가 어려워짐으로 학년에 따라서 컵 2세트를 모아서 24개의 컵으로 하면 조금 더 어렵게 놀이를 할 수 있습니다.

이렇게 놀면 더 재미있어요

1 색이 다른 컵 대신, 모두 같은 컵으로 할 수 있습니다. 단, 컵 안에 스파이를 상징하는 기호를 표시합니다. 다양한 암호를 만들어서 암호를 풀어낸 후 컵에 표시된 스파이 기호를 먼저 찾아낸 팀이 승리합니다.

2 교실 밖에서 할 수 있다면 달리기와 연계해서 하면 더 재미있습니다. 반환점 대신에 스파이 컵 세트를 둡니다. 열심히 달려가서 컵을 하나씩 위로 올리면서 색이 다른 컵을 찾은 후 돌아갑니다. 먼저 달려왔지만 스파이 컵을 늦게 찾는 바람에 늦게 돌아가게 되는 경우도 생깁니다. 또 빨리 하려다가 컵을 떨어뜨려서 처음부터 다시 하는 경우도 발생할 수 있습니다.

3 스피드스택스 대회용 표준 크기가 있습니다. 먼저 기본 사이즈로 시작하고, 미니컵, 점보컵 등 다양한 크기로 진행해도 좋습니다. 사이즈에 따라 다른 전략이 필요하기 때문에 아이들이 더 즐겁게 놀이를 할 수 있습니다. 더 나아가 서로 다른 크기 컵을 가져가는 다른 미션을 준비해서 하는 것도 좋습니다.

4 컵에 0~9까지 적은 후 숫자를 섞습니다. 수학 시간에 공부하고 있는 내용과 연계해서 문제를 냅니다. 예를 들어 답이 37이면, 순서대로 컵을 한 번에 한 개씩 위로 올려서 3이 적힌 컵이 맨 위로 올라올 때까지 반복합니다. 3을 찾았으면 같은 방법으로 7이 나올 때까지 반복해서 먼저 찾으면 승리합니다. 영어 수업을 한 이후라면 알파벳을, 한국사를 공부하고 있다면 역사적 사건 등을 적고 같은 방법으로 놀이하면서 배운 내용을 복습하면 좋습니다.

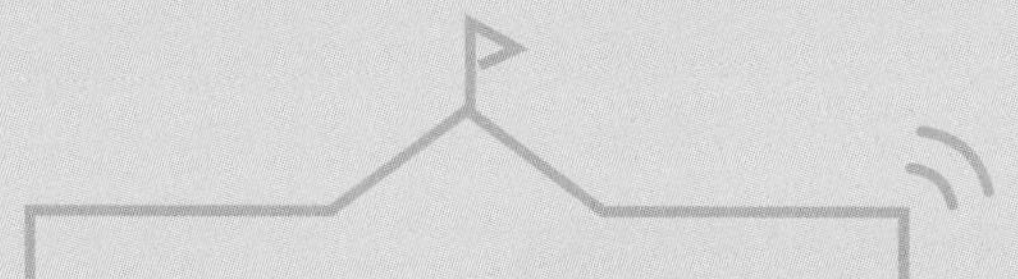

후반전이 있는 컵 놀이

#전반전의 집중력이 #후반전을 결정한다 #컵쌓기와 종이빼기 #집중력 놀이

준비물 스피드스택스, A4종이(도화지)
대형 전체, 모둠

아이들에게 활동을 시키고 얼마 지나지 않아서 "선생님! 다 했는데요?"라는 말을 들은 경험이 있을 겁니다. 더욱이 활동을 제대로 수행하지 않은 채 엉성한 상태로 활동지를 가져온다면 "정말 최선을 다한 거야?"라는 말을 반복할 수밖에 없습니다. 그렇다면 어떻게 놀이로 아이들에게 최선을 다하는 것에 대해 알려줄 수 있을까요.

놀이 효과

컵을 종이와 함께 쌓는 것이 '전반전', 종이를 빼는 것이 '후반전'입니다. 후반전을 잘하려고 해도 전반전에 제대로 컵을 쌓지 않았다면 성공하기 어렵습니다.

이 놀이에서는 더 좋은 성과를 내기 위해 먼저 충분한 연습과 노력이 필요하다는 것을 알려줄 수 있습니다. 컵을 쌓기 전, 미리 아이들에게 자연스럽게 전반전에 집중할 것을 알려주면 처음부터 집중해서 정성스레 탑을 쌓는 경험을 하게 됩니다.

단계별 놀이 방법

1 컵 4개와 두꺼운 종이(A4도화지 4등분) 3장을 준비합니다.

2 컵과 컵 사이에 종이를 올려서 탑을 4층까지 쌓습니다.

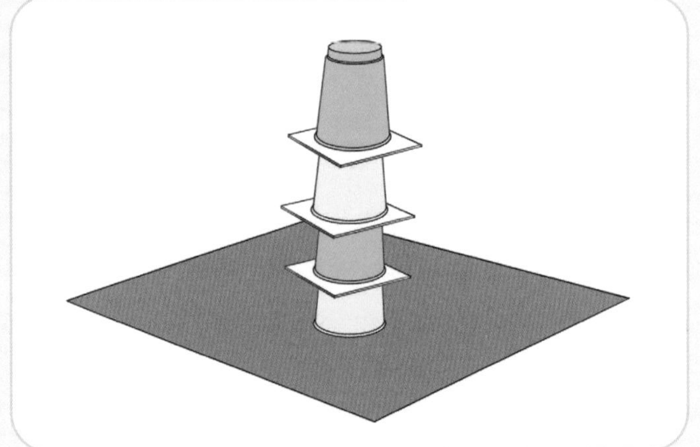

3 여기까지가 '전반전'입니다. 전반전 종료 후에는 쌓은 탑을 손댈 수 없습니다.

4 극적인 효과를 내기 위해서는 먼저 4층을 쌓은 팀 순으로 3점, 2점, 1점을 주면 좋습니다.

5 후반전은 위에서부터 순서대로 컵 사이에 있는 종이를 뺍니다.

6 종이를 뺄 때 위 컵이 아래 컵에 포개지면 들어가면 추가로 1점을 받습니다.

7 더 많은 점수를 받은 사람이나 팀이 승리합니다.

놀이 지도 시 주의할 점

1 만약 컵을 대충 쌓는다면, 나중에 종이를 뺄 때 한 번에 무너지는 경우가 있습니다. 전반전 시간이 끝나면 아이들에게 자리에서 일어나 한 바퀴 돌면서 제대로 컵이 쌓였는지 확인하는 시간을 줍니다. 앉은 자리에서 봤을 때는 제대로 쌓은 것 같았지만 옆에서 보면 기울었을 가능성이 큽니다.

아이들이 가끔 '나 중심'으로 친구들의 말과 행동을 보면 이해가 어려운 것들이 있습니다. 그럴 때는 일어나 옆에서 컵이 제대로 쌓여있는지 확인했던 지금처럼 입체적으로 상황을 판단할 수 있는 시간을 가져보면 좋다고 말해줍니다. 아이들이 놀이를 통해 한 걸음 더 성장할 수 있을 것입니다.

2 아이들은 컵이 무너지지 않았으면 하는 마음에 조심스럽게 종이를 빼는 경우가 많습니다. 그런데 이렇게 천천히 잡아당기는 경우, 종이와 함께 컵이 따라오면서 바로 무너져 내립니다. 그럼 어떻게 해야 할까요?

온도계나 비커의 눈금을 보듯 눈높이에서 내 몸 쪽으로 종이를 빠르게 당깁니다. 그러면 종이만 쏙 빠지고, 컵은 제자리에서 아래로 떨어집니다. 종이를 뺄 때는 "지면과 평행하게 빠르게 당기기!"라고 알려주면 좋습니다. 만약 종이를 한 장 빼서 컵이 잘 들어갔는데 한쪽으로 살짝 옮겨왔다면 어떻게 해야 할까요? 반대 방향으로 다음 종이를 빼면 컵이 전체적으로 이동하면서 균형이 맞춰지기도 합니다. 꼭 한

쪽 방향으로 종이를 모두 뺄 필요는 없음을 알려줍니다.

3 아이들에게는 작은 성공의 경험이 꼭 필요합니다. 잘 안되면 컵 2개와 종이 1장으로 컵을 쌓고 빼는 연습을 먼저 합니다. 종이를 빼는 방향도 다양하게 연습해 봅니다. 익숙해진 후 최종 컵 4개와 종이 3장으로 탑을 쌓고 놀이를 하는 것을 추천합니다.

이렇게 놀면 더 재미있어요

1 수학 시간 '평행'을 공부할 때 컵 놀이를 하는 것도 좋습니다. 탑을 쌓고 종이를 뺄 때 지면과 평행하게 종이를 당기면 성공할 수 있다는 말과 함께 몸으로 평행을 익히는 방법입니다.

과학 시간에 '관성의 법칙'을 공부할 때도 활용할 수 있습니다. 간단한 실험과 연계해서 관성을 알아본 후 연계해서 컵과 종이로 탑 쌓기 놀이의 원리를 설명합니다.

컵 위에 놓은 동전 떨어뜨리기

2 최고의 팀워크를 확인하고 싶다면 3명씩 팀을 만들어 진행해 봅니다. 3명이 머리를 맞대고 토론과 여러 번의 시도를 통해 가장 완벽한 모습의 탑을 쌓습니다. 모두 쌓은 후 동시에 종이를 뺍니다. 최고의 팀이라면 정확하게 컵이 포개지는 모습을 볼 수 있습니다.

3 컵 6개로 컵 쌓기 놀이를 해 볼 수도 있습니다. 먼저 3-2-1로 3층을 쌓습니다. 여기까지가 전반전입니다. 2층 컵 2개를 맨 아래 3개 중 바깥쪽으로 옮겨 겹쳐 포갭니다. 이때 3층에 있는 컵 1개가 1층 가운데로 들어가면 컵 로켓 착륙 성공입니다. 돌아가면서 도전하고, 성공할 때마다 1점씩 받습니다. 정해진 시간 동안 더 많이 성공한 사람이나 팀이 승리합니다.

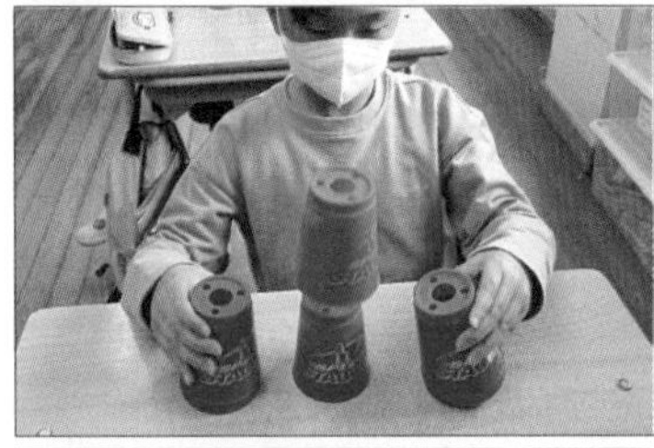

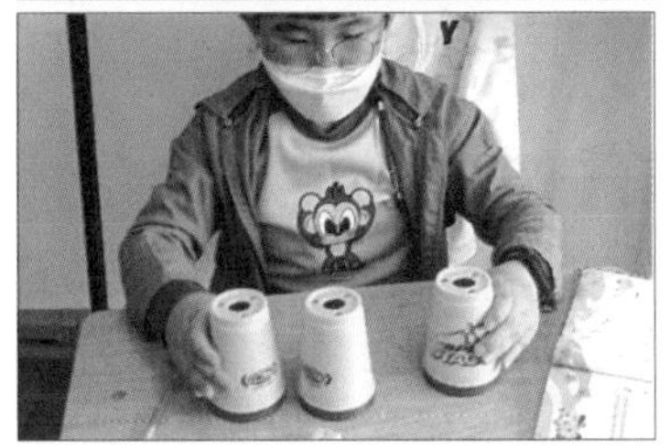

컵 뒤집기 빙고

#컵 뒤집기 #힘 조절 #컵 뒤집으면 빙고 칸차지 #비법 공유

준비물 색이 다른 스피드스택스 2세트, 3×3빙고판
대형 전체, 모둠

아이들이 게임을 하다 보면 멀리 던지고, 세게 던지고, 빨리하는 것이 잘하는 거라고 생각합니다. 그러나 '컵 뒤집기 빙고'는 천천히 힘을 조절해야 더 잘되는 활동입니다. 단순한 규칙이지만 막상 해보면 쉽지 않을 수 있습니다. 만약 자꾸 실패하고 잘 안된다면 어떻게 하면 될까요? 다시 도전하면 됩니다.

놀이 효과

성공하고 행복하게 살아가는 사람들의 여러 공통점 중의 하나가 '실수를 통해 배움을 찾는 것'이라고 합니다. 아이들이 컵을 뒤집으려고 여러 번 시도하는 과정 자체가 실수일 수 있습니다. 그러나 여러 번의 실수 끝에 성공했다는 성취감은 무척 큽니다. 연습하면 할수록 '노력하면 더 잘할 수 있다'는 효능감도 느낄 수 있습니다.

단계별 놀이 방법

1 책상 위에 모서리에 컵을 올립니다.

2 컵 아래쪽을 손가락이나 손바닥으로 쳐서 컵을 뒤집습니다.

3 개인별로 충분히 연습하는 시간을 갖습니다.

4 어느 정도 연습한 후 대결 장소로 나옵니다.

5 서로 색이 다른 컵을 팀별로 받습니다.

6 동시에 해서 뒤집는 데 성공하면 3×3빙고판 중 한 곳에 컵을 올려놓습니다.

7 같은 방법으로 먼저 한 줄 빙고를 만들면 승리합니다.

8 익숙해지면 모둠원들과 릴레이로 대결합니다.

놀이 지도 시 주의할 점

1 연습할 때는 성공했지만 막상 나와서 경기를 하면 생각처럼 잘 안 되는 경우가 있습니다. 계속 실패하면 친구들에게 눈치가 보이니 점점 더 부담이 큽니다. 그래서 놀이를 시작하기 전에 개인당 몇 번씩 도전할 것인지 미리 정하고 시작하는 것이 좋습니다. 3번까지 도전할 수 있게 하면 부담 없이 3번 도전하고 맨 뒤로 이동하면 됩니다.

2 이 놀이에는 힘 조절이 필요합니다. 너무 세게 쳐서 컵이 책상 아래로 떨어지면 줍는 데 시간이 걸리고 또 시끄럽습니다. 그래서 컵이

책상 아래로 떨어지면 바로 다음 주자가 출발하는 것으로 합니다.

3 많이 성공하는 아이들에게는 비법이 있습니다. 운에 의해 한 번이라도 성공하기를 바라는 방식보다는 잘하는 친구들의 모습에서 배움을 실천할 필요가 있습니다. 그래서 개인 연습을 한 후 팀원들이 모여서 서로 알게 된 성공 비법을 서로 공유하는 시간을 주면 전략 회의를 한 후 훨씬 더 많이 성공하는 모습을 보게 됩니다.

이렇게 놀면 더 재미있어요

1 국어 시간에 국어사전에서 낱말을 찾는 연습을 놀이와 함께 해볼 수 있습니다. 국어사전 찾는 방법을 배웠으니 적용해볼 수 있는 기회입니다.

제시어가 나오면 국어사전에서 2분 안에 찾고 바로 달려 나와 컵을 뒤집습니다. 1분단과 2분단은 파란색 컵, 3분단과 4분단은 노란색 컵입니다. 성공하면 3×3 빙고판에 가져다 놓습니다. 개인당

3번 도전할 수 있습니다.

2 운동장이나 강당에서 달리기와 함께 할 수도 있습니다. 두 팀으로 나눠서 서로 반대편에 자리를 잡습니다. 신호가 나오면 달려가서 가운데 설치해 놓은 책상 위에 컵을 뒤집습니다. 성공하면 3×3 빙고판에 1칸을 차지하고 바로 돌아옵니다. 이어달리기로 다음 주자가 달려갑니다. 성공하지 못하면 3번까지 도전하고, 그래도 성공하지 못하면 바로 돌아옵니다. 달리기가 빠르다고 해서 승리할 수 없습니다. 한 줄을 먼저 만든 팀이 승리합니다.

3 땅따먹기 형태로 진행도 가능합니다. 색이 다른 컵 3세트를 준비합니다. 한 세트를 한 줄로 세우고 양쪽 끝에서부터 컵 뒤집기를 합니다. 뒤집는데 성공하면 땅(영토) 위에 덮어씌웁니다. 정해진 시간 동안 더 많은 영토를 차지한 팀이 차지한 만큼 점수를 받거나 승리하는 형태로 놀이를 할 수 있습니다.

종이비행기 컵 볼링

#종이비행기 #컵탑을 무너트려라 #다양한 재료와 방법 #다같이 전략고민

준비물 스피드스택스 세트(종이컵 여러 개), A4용지, 콘이나 원마커
대형 전체, 모둠

신나게 종이비행기를 접어서 날리는 아이들의 모습이 좋습니다. 그런데 또 한편으로는 목표가 없이 날아다니는 종이비행기가 불편하게 느껴지기도 합니다. 친구들을 향해 날리는 게 아니라 목표를 향해 날려보면 어떨까요? 교실에서 흔하게 볼 수 있는 도구인 A4종이와 스피드스택스를 이용해 종이비행기 놀이를 해보겠습니다.

놀이 효과

종이비행기를 접어서 날리는 경우, 주로 더 멀리 날리는 놀이를 많이 하게 됩니다. 또 누가 오래 날렸는지 등으로 승패를 겨룹니다.

그렇다면 더 정확하게 날리는 것으로 해보면 어떨까요? 정확하게 날린다는 것은 목표를 향해 날린다는 의미이기도 합니다. 스피드스택스나 종이컵을 이용해 일정 거리에서 동시에 종이비행기를 날려보고 놀이를 통해 '목표에 집중하는 것'에 대해 이야기 해봅니다.

단계별 놀이 방법

1 컵 15개(5-4-3-2-1)를 쌓습니다.

2 A4용지 등 종이를 이용해서 각자의 방법으로 종이비행기를 접습니다.

3 콘이나 마스킹테이프로 던지기 선을 만들고 던지는 연습을 합니다.

4 팀에서 정한 순서대로 돌아가면서 종이비행기 날려서 컵을 넘어뜨립니다.

5 1층의 5개 컵은 받침대의 역할이고, 그 위 컵이 볼링핀 역할을 합니다.

6 일정 횟수를 반복해서 점수가 높은 팀이 승리합니다.

놀이 지도 시 주의할 점

1 분명 아이들은 종이비행기를 많이 접어봤을 겁니다. 그런데 막상 갑자기 접으라고 하면 생각이 나지 않는 친구들이 있습니다. 그럴 때는 어떻게 하면 좋을까요?

교실에 스마트기기가 있다면 직접 자료를 찾아보면서 접을 수 있습니다. 아이들도 정보를 찾아서 활용할 수 있는 좋은 경험이 될 것입니다. 만약 스마트기기가 없거나 활용하기 어려운 경우라면 팀에서 종이접기를 잘하는 아이들을 팀장으로 만들어서 친구들에게 알려줄 수 있도록 합니다.

2 종이비행기를 접었다면 이제 절반 준비가 끝났습니다. 접은 종이비행기를 날려보면 반듯하게 날아가기도 하고, 왼쪽이나 오른쪽으로 휘기도 합니다. 또 위쪽으로 올라가기도 하고, 아래로 고꾸라지기도 합니다. 잡는 위치, 날리는 힘과 방향에 따라 결과가 달라집니다. 접은 후 최대한 정확하게 날아갈 수 있도록 날리는 연습을 합니다.

3 놀이를 하다 보면 과정에서 배우는 게 많습니다. 처음에는 책상 위에 바로 4-3-2-1로 10개 컵을 쌓았습니다. 3-2-1은 잘 넘어지거나 넘어졌다는 게 명확한데 맨 아래층 컵 4개는 넘어진 건지 아닌 건지 명확하지 않다는 것을 알게 되었습니다. 그래서 받침대 만들기를 추천합니다. 색이 같은 컵 10개를 볼링 핀으로 하고, 색이 다른 색 컵 5개를 받침대로 사용합니다. 받침대 아래로 내려간 것은 모두 넘어진

것으로 하면 좋습니다.

이렇게 놀면 더 재미있어요.

1 만약 아이들이 조금 더 어려운 것에 도전하고 싶다면 4-3-2-1로 4층 10개를 쌓은 후 5층에 1개, 6층에 1개를 쌓습니다. 6층 1개만 쓰러뜨리면 100점, 5층과 6층을 함께 쓰러뜨리면 50점을 받는 것으로 하면 정교하게 던져서 쓰러뜨릴 목표가 생깁니다.

2 '종이비행기 접기'라고 검색하면 다양한 접기 방법이 나옵니다. 그 중에 한 가지 방법을 선택해도 좋고, 새로운 종이비행기 접는 방법을 창작해서 만들어 봅니다.

또 종이 종류도 선택할 수 있게 합니다. A4용지를 기본으로 도화지, 신문지, 책 표지 등 다양한 재료를 이용해서 종이비행기를 접어보세요. 놀이를 한 후 어떤 전략으로 접었고, 사용한 재료의 효과는 어땠는지 소개하는 시간을 가지면 좋습니다.

3 팀을 나누고 수비와 공격 형태로 진행하는 것도 좋습니다. 우리 팀 컵이 아니라 다른 팀 컵을 무너뜨리는 놀이입니다.

먼저 무너진 팀은 지게 되는데, 이때 성이 함락되는 스토리로 다양한 미션을 넣어서 무너진 성을 보수할 수 있게 하는 것도 좋습니다. 예를 들어 4명이 한 팀인 경우 2명은 다른 팀을 공격합니다. 남은 2명은 윗몸 일으키기를 둘이 합쳐 20개를 한 후 무너진 컵 1개를 다시 쌓아 수비를 합니다. 이때 2팀이 아니라 여러 팀이면 동맹 등 여러 가지 전략을 적용하는 방법도 적용할 수 있습니다.

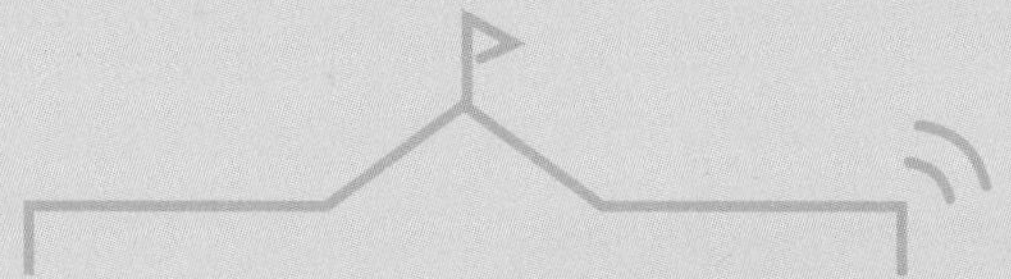

종이컵 낚시 놀이

#종이컵과 실로 낚시대 #바닥엔 종이컵 물고기 #낚아채는 손맛 #물고기를 낚아라

준비물 종이컵 여러 개, 테이프, 실
대형 모둠, 개인

종이컵에 실을 붙여서 종이컵 낚싯대를 만듭니다. 그리고 물고기는 다른 종이컵을 활용해서 만듭니다. 과연 종이컵을 종이컵으로 잡아 올릴 수 있을까요? 신기하게도 종이컵 위에 종이컵을 포갠 후 빠르게 당겨 올리면 다른 종이컵도 따라 올라옵니다. 그 성질을 이용해서 재미있게 종이컵 낚시 놀이를 할 수 있습니다.

놀이 효과

먼저 아이들은 의자나 책상 위에 올라갑니다. 바닥은 바다입니다. 바다 위에 다양한 방법으로 꾸민 종이컵을 놓습니다. 이 종이컵들은 물고기 역할입니다. 움직이지는 않지만 바닥에 있는 물고기를 종이컵 낚시로 잡는 게 쉽지 않습니다. 다른 팀과 경쟁하거나 다양한 미션과 함께 하는 경우라면 전달하고 싶은 의미를 담아서 놀이를 할 수 있습니다. '집중', '선택' 등 아이들이 배우고 익혀야 할 덕목을 놀이로 연습할 수 있습니다.

단계별 놀이 방법

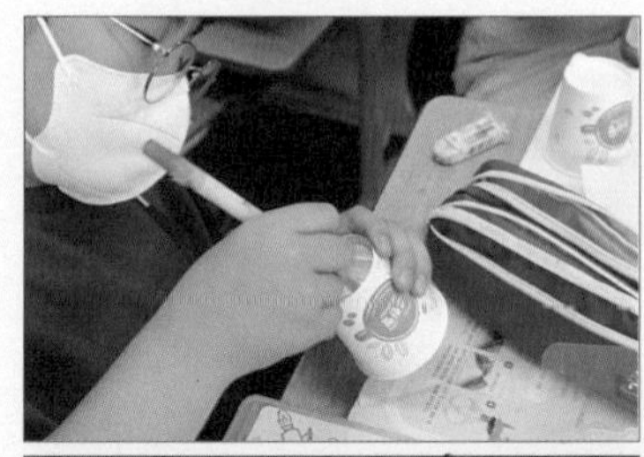

1 개인별로 종이컵 2~3개를 받고 주제를 담아서 꾸밉니다.

2 바닥(바다)에 종이컵(물고기)을 불규칙하게 둡니다.

3 종이컵 하나에 실을 붙여 낚싯대를 만듭니다.

4 의자 위에 올라가서 바닥에 있는 종이컵 물고기를 잡습니다.

5 종이컵 낚싯대를 바닥에 있는 종이컵 물고기에 끼운 후 공중으로 한 번에 당겨서 띄운 후 손으로 잡으면 낚시 성공입니다.

6 정해진 시간 또는 기회 동안 더 많이 낚시에 성공한 사람(팀)이 승리합니다.

7 종이컵에 다양한 주제를 적고, 먼저 찾는 방식으로 놀이를 하는 것도 좋습니다.

놀이 지도 시 주의할 점

1 종이컵에 구멍을 낸 후 그 속에 실을 넣은 후 묶거나 안쪽에 테이프로 붙여서 종이컵 낚싯대를 만들 수 있습니다. 이때 실이 너무 두껍거나 안쪽 공간을 많이 차지하면 종이컵 물고기를 잡을 때 불리할 수 있습니다. 종이컵과 종이컵이 포개져서 당기면 따라오는 원리인데, 공간을 실이 많이 차지하면 덜 포개질 수 있기 때문입니다.

또 다른 방법으로는 구멍을 뚫지 않고 종이컵 바닥 부분에 실을 붙여서 만들 수도 있습니다. 테이프로 고정했지만 놀이하는 과정에서 실이 떼질 수 있기 때문에 이런 경우에는 다시 붙인 후 바로 낚시하면 됩니다. 팀으로 진행할 때는 종이컵 낚싯대를 여러 개 만들어서 실이 떨어지면 다른 낚싯대로 낚시를 하도록 지도해 주세요

2 이 놀이는 '드는 게' 아니라 '당기기'가 중요합니다. 종이컵에 종이컵 낚싯대를 포개는 것에 성공한다면 이는 절반의 성공입니다. 여기까지는 아이들 모두 잘 따라오는데 물고기를 공중에 띄우는 것을 잘 하지 못하는 아이들이 많습니다. 이런 경우 어떻게 해야 할까요?

낚싯대는 '드는 게' 아니라 '당겨야' 합니다. 종이컵 안에 새로운 공기가 들어와서 종이컵이 빠지기 전에 끌어올리는 원리입니다. 빠르게 당겨야 종이컵이 종이컵 낚싯대에 따라서 올라온다는 것을 간단한 원리를 통해 설명해 주세요.

3 아이들이 낚시를 하기 위해서는 의자나 책상 위에 올라가서 시작합니다. 너무 열심히 집중한 나머지 물속에 발이 닿지 않도록 주의시켜 주세요. 또 물고기 종이컵을 낚았는데 물속에 다시 떨어지면 물고기를 다시 잡아야 합니다. 낚싯대 역시 마찬가지입니다. 낚싯대를 물속으로 떨어뜨리면 더 이상 낚시를 할 수 없는 규칙을 넣어서 진행하는 것도 재미있습니다.

이렇게 놀면 더 재미있어요

1 종이컵 안쪽에 비밀 글자, 기호, 숫자 등을 적습니다. 이 텍스트로 다양한 주제의 수업을 할 수 있습니다. 예를 들어 도덕 시간에 마음 신호등을 공부했다면 종이컵에 '멈추기-생각하기-실천하기'를 적은 후 먼저 멈추기, 생각하기, 실천하기 글자를 완성한 팀이 승리하는 것으로 놀이를 하면 수업과 연계하여 게임을 진행할 수 있습니다.

2 사회 시간에 '자원의 희소성'을 공부합니다. 더 적은 자원이 더 많은 가치를 갖게 되는 것, 더 높은 가치로 교환되는 것 등을 놀이로 연습할 때 이 낚시 놀이를 활용할 수도 있습니다.

종이컵 색깔은 자원을 상징합니다. 더 높은 가치를 가지고 있는 종이컵을 먼저 얻은 팀이 더 높은 점수를 받는 것으로 합니다. 또는 더 높은 가치를 가지고 있는 종이컵을 더 멀리 놓은 후 놀이를 하면 아이들이 자원의 희소성에 대해 좀 더 깊게 이해할 수 있습니다.

3 다양한 색의 종이컵을 준비하고 사칙연산 수업을 해볼 수도 있습니다. 빨간색은 일의 자리(1), 파란색은 십의 자리(10), 녹색은 백의 자리(100), 노란색은 천의 자리(1000)로 종이컵 색깔에 자릿값을 배정합니다. 수학 시간에 공부하고 있는 사칙연산과 연계해서 문제를 내고, 답을 계산한 후 종이컵 낚시로 먼저 정답에 해당하는 종이컵을 모두 찾은 사람(팀)이 승리합니다.

컵을 던지고 받아라

#컵을 컵으로 받기 #던지고 받기 #협응성 놀이 #컵이 컵 속으로 쏙

준비물 스피드스택스 세트(종이컵 여러 개), 점수 기록판
대형 모둠, 개인

컵을 던지고, 뒤집고, 받는 놀이는 단순한 과정이지만 신경을 써야 할 것들이 제법 많습니다. 그리고 이 과정에서 아이들은 배우고 느끼는 게 많습니다. 처음에는 어떤 것을 먼저 해야 하는지 몰라서 허둥지둥하지만 익숙해지면 컵이 다른 컵에 쏙 들어가는 재미와 뿌듯함을 느낄 것입니다. 개인 기록 전으로 해도 좋고, 팀 대결로 해도 좋은 '컵 던지고 받아라' 놀이를 소개합니다.

놀이 효과

중요한 것을 잘하기 위해서는 먼저 해야 하는 일들이 있습니다. 먼저 컵을 잘 받기 위해서는 받기 좋게 던져야 합니다. 그러기 위해서는 잘 던지는 것이 우선입니다. 2002년 축구 영웅 이영표 선수가 말한 "하고 싶은 일을 하며 살고 싶다면 해야 하는 것을 먼저 해야 합니다."라고 했던 이야기를 아이들에게 들려주면서 하면 좋습니다.

단계별 놀이 방법

1 개인별로 컵 2개를 받습니다.

2 컵 하나를 뒤집은 상태로 들고 있습니다.

3 뒤집은 컵 위에 다른 컵을 하나 올립니다.

4 위에 있는 컵을 아래에서 위로 올리듯 던집니다.

5 아래 들고 있는 컵을 돌려서 뒤집습니다.

6 뒤집은 후 던진 컵을 제대로 받아 컵에 포개지면 성공입니다.

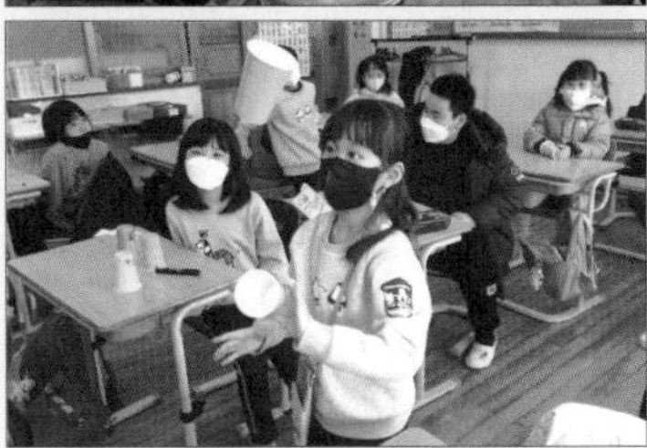

7 정해진 수를 모두 먼저 성공한 사람이나 팀이 승리합니다.

놀이 지도 시 주의할 점

1 처음 놀이를 시작하면 많은 아이들이 컵을 높이 던집니다. 저학년 아이들은 심지어 천장에 맞게 던지기도 합니다. 그리고 컵이 어디로 갔는지 모르겠다는 표정을 짓습니다. 컵은 어느 정도 높이로 던지는 게 효과적일까요? 정답은 '개인별로 다르다'입니다.

그러나 개인차는 있겠지만 적절한 높이는 있습니다. 배와 가슴 높이 사이에서 던져서 얼굴 높이에서 다시 아래로 내려가도록 던지는 것입니다. 익숙해지면 낮게 던져도 빨리 뒤집어서 받을 수 있는데 처음에는 뒤집고 나서 받을 여유가 필요합니다.

2 컵을 던졌는데 빙글빙글 돌아가서 받기 어렵다면, 지면과 평행하게 아래에서 위로 올리듯 던져야 받기 좋게 그대로 내려옵니다. 침대 광고 문구처럼 '흔들리지 않는 편안함'을 유지해야 합니다. 아래에서 위로 일정한 속도와 방향으로 올리면 컵이 빙글빙글 돌지 않고, 그대로 올라갔다가 그대로 다시 내려옵니다. 그럼 아래에서 준비하고 있는 컵에 쏙 들어갈 수 있습니다. 들어갈 때 경쾌한 소리와 함께 기분까지 좋아집니다.

3 익숙해지면 아이들과 제자리에서 놀이하는 것도 가능합니다. 처

음에는 던지고, 돌리고, 받느라 이리저리 움직이게 됩니다. 그 과정에서 책상이나 다른 물건에 부딪힐 수 있습니다. 때문에 교실에서 놀이하기 전에 충분하게 넓고 안전한 공간을 만들고 하는 것이 좋습니다. 운동장이나 강당 등 넓은 공간에서 하는 것도 추천합니다.

이렇게 놀면 더 재미있어요

1 날아오는 컵을 주고받으면 더 재미있게 놀이할 수 있습니다. 먼저 팀을 던지고 받을 순서를 정합니다. 그리고 스피드스택스 컵으로 날아오는 컵을 받습니다. 일정한 거리에서 컵을 던지면 가지고 있는 컵에 들어가면 성공입니다. 컵이 회전하지 않게, 아래에서 위로 포물선을 그리면서 던지면 더 잘 받을 수 있습니다. 친구가 받기 좋게 던져주는 배려를 연습할 수 있는 활동으로도 좋습니다.

이제 익숙해지면 여러 번 이어서 받는 것에 도전합니다. 들고 있는 컵에 1개를 받아 컵이 2개가 되면 1점, 또 1개를 받아서 컵이 3개가 되면 5점, 또 1개를 받아서 컵이 4개가 되면 10점 등 더 어려운 미션에 도전할 수 있게 합니다. 도전하다가 컵이 떨어지면 얻은 점수가 모두 사라지는 반전을 넣어서 재미를 가미할 수 있습니다.

2 혼자 던지고 받는 것을 연습했다면 이제 짝을 만들어서 주고받는 것에 도전해봅니다. 날아오는 컵을 받는 것 이전에 짝이 받기 좋게 컵을 던져주는 것에 먼저 집중합니다. 둘 중의 한 명이라도 받으면 1점, 모두 받으면 5점을 받습니다. 둘 다 받지 못하면 스타 점프 등 미션을 수행하고 다시 놀이합니다. 둘이 놀이를 했으면 3, 4로 숫자를 늘려서 놀이하면 좋습니다.

3 달리기와 함께 놀이를 할 수 있습니다. 팀을 나누고 달릴 준비를 합니다. 출발 신호가 울리면 달려가면서 중간 미션 구역에서 컵을 던지고 받습니다. 연속으로 2번 성공하면 다음 미션 구역으로 이동합니다. 미션 구역에서 주사위를 굴리고 주사위 숫자만큼 성공하면 다음 구역으로 이동하는 방식으로 하는 것도 좋습니다.

달리고, 쌓고, 찍고, 정리하고, 돌아오기

#컵을 가지고 달려라 #목표 지점에 컵쌓기 #돌아오며 정리하기 #속도보다 정확하게!

준비물 스피드스택스 세트(점보컵), 출발선 표시용 콘이나 마스킹 테이프
대형 전체, 모둠

달리기와 컵쌓기가 만나면 즐겁게 놀이를 할 수 있습니다. 아이들이 신나게 달리는 것만으로도 놀이는 충분하지만 중간 지점에 있는 컵을 순서대로 다 쌓은 다음, 반대편 벽을 손바닥으로 찍고 쌓았던 컵을 원래 모습대로 정리하고 출발선으로 돌아오면 더 즐겁게 참여합니다. 또 전해주고 싶은 메시지를 놀이에 담아 놀이하며 삶의 지혜도 깨달을 수 있습니다.

놀이 효과

보통 달리기가 빠른 아이들이 더 늦게 돌아오는 경우가 많습니다. 빨리하는 것에 집중하다 보니 컵을 쌓는 과정에서 실수하게 되는 것입니다. 또 반대편 벽을 손바닥으로 터치하고 돌아오면서 컵을 정리해야 하는데 그냥 왔다가 다시 하는 경우도 생깁니다. 이 놀이는 '서두르지 않는 것'이 중요하며, 정리를 놀이와 함께 연습할 수 있다는 장점이 있습니다.

단계별 놀이 방법

1 2~4팀으로 나눕니다.

2 출발점에서 순서대로 달릴 준비를 합니다.

3 신호가 나오면 달려 나가 중간 지점까지 갑니다.

4 중간 지점에 있는 6개의 컵을 3층으로 쌓습니다.

5 모두 쌓은 후 반환점이나 반대편 벽을 손바닥으로 터치하고 돌아옵니다.

6 돌아오는 길에 중간 지점에 쌓았던 컵을 원래 모습으로 정리합니다.

7 먼저 출발선을 돌아온 순서대로 점수를 받습니다.

놀이 지도 시 주의할 점

1 이 활동을 처음 할 때는 '컵 쌓기 규칙'보다는 '정확하게 3층 쌓기'가 더 중요합니다. 쌓는 순서보다는 쓰러지지 않게 정확하게 3층, 4층

을 쌓는 것으로 놀이하는 것을 추천합니다. 처음부터 쌓는 규칙대로 적용하면 놀이 자체가 어려울 수 있습니다.

학년별로 수준을 달리해서 저학년은 컵 3개로 2층, 중학년은 컵 6개로 3층, 고학년은 컵 10개로 4층을 쌓는 것으로 업그레이드하고 학년에 따라 놀이하는 거리도 조절해서 하면 좋습니다.

2 교실에서 할 때는 교실 벽 터치, 교실 밖에서 할 때는 반환점 돌기를 추천합니다. 먼저 교실 뒷벽에 손바닥을 붙이고 출발을 준비합니다. 그다음에 중간에 컵을 쌓고, 칠판에 그려진 손바닥 터치 위치를 터치하고 돌아옵니다. 아래층이 시끄러울 수 있음으로 뛰지 않고, 경보로 걸어서 가도록 합니다.

강당이나 운동장에서 놀이를 할 때는 출발선을 강당 벽이나 축구 골대를 활용해 반환점으로 사용하면 좋습니다. 강당 전체나 운동장 전체를 사용하는 게 너무 넓은 경우에는 콘 등으로 반환점을 만들어서 사용해 보세요.

3 익숙해졌다면 대형 컵(점보 컵)으로 놀이하면 더 재미있습니다. 컵이 커서 한 번에 한 개씩 쌓아야 쓰러지지 않기 때문에 난이도가 더 높은 놀이입니다.

보통 점보 컵은 크고 무서워서 학급에 보관하고 관리하기 어렵습니다. 학교에서 체육 물품 등으로 구매해서 함께 보관해서 놀이나 체육 활동을 할 때 사용하면 좋습니다.

이렇게 놀면 더 재미있어요

1 스피드스택스 컵을 기준으로 작은 미니 컵, 할리갈리 컵, 점보 컵 등 다양한 크기의 컵으로 준비합니다. 놀이를 시작하기 전에 컵 종류를 선택하는 미션을 넣어서 놀이합니다.

아이들이 선택은 했지만, 막상 하기 전까지는 그 선택이 좋은 선택이었는지는 모릅니다. 컵 크기에 따라 중간에 컵을 쌓는 전략을 다르게 해야 하기 때문입니다. 과연 어떤 컵이 가장 유리할까요? 아이들과 놀이 시작 전에 미리 토론해보고 놀이를 한 후 어땠는지 소감을 나누어 보는 것도 좋습니다.

2 달리기를 빼고 '정리하기'에 집중하는 놀이도 가능합니다. 타이머를 켜고, 팀 내에서 정한 순서대로 달려가서 컵을 정리합니다. 빨리하려고 서두르다보면 쌓아두었던 컵 탑이 무너져 얻은 점수를 잃을 수 있으니 주의합니다. 마지막으로 정해진 시간 동안 정리한 컵 숫자만큼 팀 점수를 얻습니다. 이 활동은 컵을 이용한 놀이를 한 후 마무리 활동으로 좋습니다.

3 스피드스택스 12개 컵으로 3-6-3, 6-6, 1-10-1 순서대로 쌓는 것으로 놀이를 할 수 있습니다. 미션 구역을 3곳으로 설치합니다. 처음 구역에서는 컵 12개로 3-6-3을 쌓습니다. 두 번째 구역에서는 6-6모양을 만듭니다. 세 번째 구역에서는 1-10-1으로 만듭니다. 벽을 터치하거나 반환점을 돌아온 후 순서대로 정리하고 돌아옵니다. 강당 등 넓은 공간에서 하면 달리기와 컵 쌓기를 제대로 함께 연결해서 할 수 있습니다.

4 쌓을 탑의 높이를 주사위를 이용해서 정하는 것으로 한다면 '운'의 영역이 반영됩니다. 주사위 1이 나오면 1층(컵 1개), 2가 나오면 2층(컵 3개), 3이 나오면 3층(컵 6개), 4가 나오면 4층(컵 10개), 5가 나오면 5층(컵 11개로 4층 맨 위에 컵 뒤집어서 1개 추가), 6이 나오면 6층(컵 12개로 5층 맨 위에 컵 1개 추가)을 쌓습니다.

협동 컵 쌓기

#공동의 목표 #협력놀이 #소통의 기쁨

준비물 스피드스택스, 명찰 고리줄, 고무줄
대형 모둠(4인 1모둠)

주로 학기 초에 협동 놀이나 활동을 많이 합니다. 서로 힘을 모아 공동의 목표를 달성하는 경험을 할 수 있기 때문입니다. 이번 놀이는 스피드스택스, 고무줄 그리고 명찰 고리줄만 준비하면 즐겁게 놀이를 할 수 있습니다. 학년 수준에 따라 달성해야 할 목표를 단계별(컵 3개로 2층, 컵 6개로 3층, 컵 10개로 4층, 컵 11개로 5층, 컵 12개로 6층 쌓기 등)로 나눠주면 정해진 시간 동안 협동해서 도전하는 놀이입니다.

놀이 효과

처음에는 말없이 놀이를 시작해 봅니다. 아마 잘 안될 가능성이 높습니다. 그 후에 조금씩 대화하면서 놀이를 해보고 그 다음에는 본격적으로 서로 대화하고, 전략을 짜다 보면 점점 정교해지는 것을 느낄 수 있습니다.

아이들은 "지금부터 협동하세요!"라고 말한다고 쉽게 협동이 되지 않습니다. 협동하기 위해서는 협동해야 하는 목표를 정하고, 어떻게 협동할 것인지 방법을 정하고 연습해야 합니다. 성공하면 함께 기뻐하고, 실패하면 더 잘할 수 있는 방법을 찾는 데 집중해 주세요.

단계별 놀이 방법

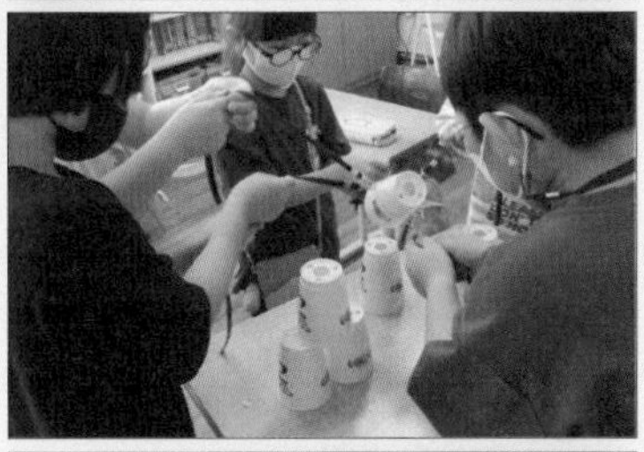

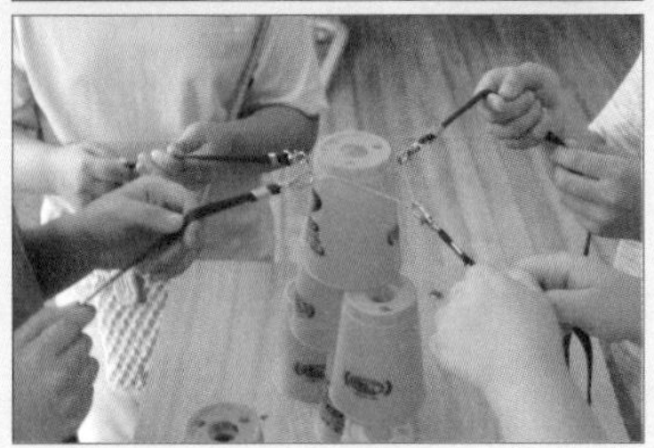

1 팀별로 노란색 고무줄 5개와 컵 쌓기용 컵 1세트를 준비합니다.

2 고무줄 1개를 가운데 두고 4곳으로 당길 수 있게 연결합니다.

3 고무줄을 4곳에서 당겨서 고리를 만들고, 컵을 끼워서 이동시킵니다.

4 컵을 모두 옮기거나 쌓는 데 걸리는 시간을 줄여나가는 놀이를 합니다.

5 또는 정해진 시간 동안에 더 높은 단계에 도전하는 방법으로 놀이합니다.

6 중간에 팀별로 작전 회의를 하고 활동 후 소감을 나눕니다.

놀이 지도 시 주의할 점

1 4명이 한 팀을 기준으로 정사각형을 만드는 것을 연습합니다. 먼저 정사각형을 만들 수 있게 자리를 앉습니다. 그리고 그 방향으로 당겨서 고무줄이 정사각형이 될 수 있게 만드는 연습을 합니다. 구성원이 3명이면 정삼각형, 5명이면 정오각형 모양을 만들어서 놀이를 할 수 있게 연습해 봅니다.

2 컵은 고무줄로 잡고 옮긴 다음에 내려놓아야 합니다. 그러려면 가장 중요한 것은 같은 힘으로 당겨서 일정한 모양을 유지하는 것입니다. 컵을 고무줄로 잡은 후에도 힘을 빼고 목표 위치로 이동하는 것에 집중하도록 지도해 주세요. 컵 한 개를 잡고 옮기는 것은 어렵지 않은데, 컵을 3층, 4층, 5층, 6층으로 쌓으려면 힘을 조절하는 연습이 꼭 필요할 것입니다.

3 모양 유지, 힘 조절이 잘되지 않는다면 탑을 쌓는 것에 성공하지 못하고 활동이 끝날 수 있습니다. 처음에는 컵을 잡고, 정해진 위치에 옮기는 것에 집중합니다. 잡고, 옮기고, 내려놓는 연습을 반복하고 컵 1개를 성공했으면 컵 10개를 순서대로 옮겨서 다시 10개를 포개서 쌓아봅니다. 익숙해지면 컵을 잡고 뒤집어서 내려놓는 것도 연습합니다. 이렇게 단계별로 잡고 옮기고 내려놓는 것을 충분히 연습한 후 대결이나 기록을 세우는 것에 도전합니다.

이렇게 놀면 더 재미있어요

1 컵 뺏기 놀이는 컵을 잡고 옮기고, 아이들이 원하는 모습으로 쌓는 것에 익숙해진 후에 하면 좋습니다. 팀을 나눈 후 한 가운데 컵을 쌓아둡니다. 시작하면 가운데로 와서 컵을 가져다가 팀 구역에 쌓습니다. 가운데 더 이상 가져갈 컵이 없어지면 다른 팀 구역으로 가서 컵을 가져와서 쌓습니다. 정해진 시간 동안 더 많은 컵 탑을 쌓는 팀이 승리합니다. 다른 팀에서 우리 팀 컵을 가져갈 때 방어할 수는 없습니다. 중간에 떨어뜨린 컵은 원래 팀에 가져다 준 후 다시 시작하는 것으로 합니다.

2 정해진 시간 동안 학급 전체가 가장 높은 탑을 쌓는 것에 도전해 봅니다. 다른 팀과의 대결이 아니라 학급 전체가 하나의 목표에 집중하는 것입니다.

순서대로 1팀, 2팀, 3팀, 4팀 등이 돌아가면서 탑을 쌓습니다. 중간에 탑이 무너지면 비난하거나 탓하지 않고 바로 쌓는 것을 약속하고 시작합니다. 7층 쌓기에 성공하면 놀이 20분 추가, 8층 쌓기에 성공하면 놀이 30분 추가, 9층 쌓기에 성공하면 놀이 40분 추가 등 놀이와 관련된 목표를 정하고 놀이를 하면 더 재미있습니다.

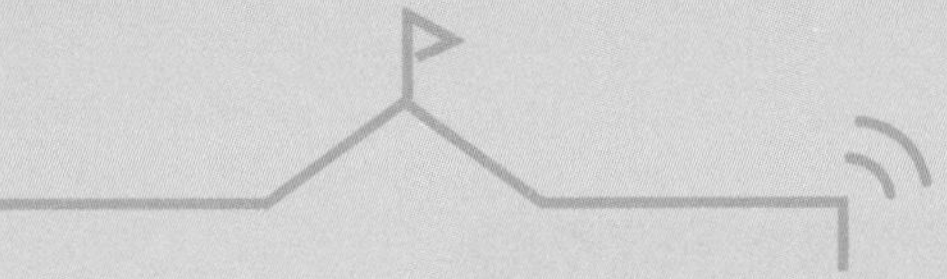

컵 슬라이드 퍼즐 놀이

#컵으로 만든 퍼즐 #한 번에 한 칸 #두뇌 풀 가동

준비물 스피드스택스 세트(종이컵 여러 개), 슬라이드 퍼즐판
대형 개인

이 놀이는 컵과 퍼즐을 이용한 활동입니다. 색이 다른 스피드스택스 컵으로 진행해도 좋고, 색 종이컵이나 무지 종이컵을 색칠하거나 기호를 적어서 할 수도 있습니다. 슬라이드 퍼즐판을 한 번에 한 칸씩 이동해서 기준과 똑같이 먼저 만들면 승리하는 놀이입니다.
이 놀이는 남이 하는 것을 볼 때는 쉬워 보일 수 있지만 막상 내가 하면 쉽지 않습니다. 아이들이 두뇌를 풀가동해야 합니다. 혼자 도전하는 것으로 시작해서 더 짧은 시간에 빠르게 성공하는 기록전, 동시에 하는 대결전으로 놀이를 할 수 있습니다.

놀이 효과

직접 아이들이 놀이 도구를 만들어 활용해 보면 효과가 더 좋습니다. 4절 도화지에 슬라이드 퍼즐판을 그리거나 종이컵에 색칠하기, 기호 등을 표시해서 만들 수도 있습니다. 아이들과 놀이하며 '큰 그림'에 대해 이야기 나눠보고 실천해 봅니다.

단계별 놀이 방법

1 4절 도화지와 종이컵으로 놀이 도구를 직접 만듭니다.
2 팀을 나누어서 각자 종이에 종이컵을 올려놓습니다.
3 같은 색 2종류는 3개, 1종류는 2개를 준비합니다.
4 가운데에는 기준이 되는 종이컵을 둡니다.
5 두 친구가 돌아가며 또는 동시에 비어 있는 칸에 종이컵을 밀거나 슬라이딩해서 빠르게 기준 종이컵과 똑같은 위치로 자신의 컵을 이동합니다.
6 기준 종이컵과 같은 색으로 먼저 맞춘 사람(팀)이 승리합니다.
7 서로 마주 보거나, 각자 시도하고 시간을 재어도 좋습니다.
8 놀이가 익숙해졌다면 턴(turn) 제로 더 적게 움직여서 성공하는 것에 도전합니다.

놀이 지도 시 주의할 점

1 3줄을 완성하려면 입체적 사고가 필요합니다. 너무 복잡하게 생각하다 보면 오히려 더 오래 걸립니다. 먼저 한 줄을 완성하는 것부터 연습합니다. 큐브를 맞출 때도 처음에 한 줄을 완성하는 것부터 연습합니다. 같은 원리로 기초부터 연습하고, 원하는 위치로 옮기려면 어떻게 해야 하는지 연습합니다.

2 한 번에 한 칸씩 이동하다보니 옮겨놓고 다시 돌아가는 게 낫다는 생각이 들 때도 있습니다. 이 방법을 가능하게 할 것인지, 방금 전에 옮겨왔던 곳으로 다시 돌아가는 것을 할 수 없게 할 것인지 미리 정하고 시작합니다.

턴(turn)제로 하는 경우라면 어차피 돌아간다고 가정했을 때 1턴을 사용하기 때문에 가능하게 해도 관계가 없습니다. 턴(turn) 제한 없이 더 빨리 모양을 완성하는 방향으로 놀이를 진행할 때, 가능하게 할 것이지 안 되게 할 것인지 미리 정하고 시작합니다.

3 다양한 주제를 넣어서 놀이판을 만들 수 있습니다. 수학 시간에 △□○등 도형을 배웠다면 종이컵에 그려서 하면 좋습니다. 또는 수학 개념과 연계해서 놀이판을 만들 수 있습니다. 1/2, 0.5, ◐식으로 종이컵에 적어 놀이하면 개념을 정확하게 이해했는지도 알 수 있습니다. 세종대왕, 훈민정음, 조선 4대왕 등 역사와 연계해서 수업 놀이로 진행하는 것도 좋습니다.

이렇게 놀면 더 재미있어요

1 이 놀이는 몇 번 해보면 요령을 익혀서 금방 완성하는 아이들이 나올 것입니다. 이런 경우 한 단계 점프할 수 있게 더 높은 단계를 만들어 줍니다. 먼저 4×4로 퍼즐 판 만들어서 업그레이드 버전으로 해보고 이것도 익숙해진 아이들에게는 한 단계 더 업그레이드해서 5×5로 퍼즐 판을 만들어서 해봅니다. 놀이 후 놀이판과 종이컵을 '놀이상자'에 넣어 두면 쉬는 시간, 중간 놀이 시간, 점심시간 등에 아이들이 자유롭게 놀이를 할 수 있습니다.

2 점보컵으로 슬라이드 퍼즐 놀이를 해보면 더 재미있습니다. 컵이 커서 옮기는 과정도 재미있고, 조금 멀리서 봐야 눈에 더 잘 들어오기도 합니다. 팀 조끼 색을 이용해서 인간 슬라이드 퍼즐로 진행하는 것도 좋습니다. 팀장이 말로 지시하면 움직이는 방식으로 놀이를 할 수 있습니다.

탁구공으로 날려버려!

#탁구공 #컵을 떨어뜨리기 #검지의 힘

준비물 책상, 종이컵, 탁구공
대형 모둠, 개인

이제 탁구공을 손가락으로 튀겨서 목표물을 맞추는 놀이를 할 차례입니다. 맞추기만 해도 점수가 있고, 바닥에 떨어뜨리면 보너스 점수까지 받을 수 있습니다. 팀으로 할 경우에는 도전할 순서에 따라 기록이 많이 달라질 수 있어서 전략도 세워야 하는 놀이입니다.

놀이 효과

이 놀이는 검지를 이용해 탁구공을 힘차게 튕기면 종이컵을 날려버릴 수 있는 놀이입니다. 탁구공을 잘 친 친구들에게는 아이들이 환호하고 박수를 칠 것입니다. 반대로 매우 집중하고 기대하면서 쳤는데 하나도 맞추지 못하는 아이들이 생기기도 합니다. 정확하게 굴러갔지만 너무 약해서 보너스 점수를 받지 못하기도 합니다. 이 놀이를 통해 아이들은 더 좋은 결과를 얻기 위해 필요한 조건에 대해 팀원들과 의견을 모으고 토론해볼 수 있을 것입니다.

단계별 놀이 방법

1 책상 끝부분에 종이컵을 여러 개 놓습니다.

2 반대편에서 탁구공을 검지로 칩니다.

3 종이컵에 맞으면 기본 점수 1점을 받습니다.

4 종이컵을 바닥에 떨어뜨리면 추가로 1점을 받습니다.

5 돌아가면서 도전해서 더 높은 점수를 얻은 사람(팀)이 승리합니다.

6 모두 떨어뜨리는 데 걸

리는 시간으로 대결하는 것도 좋습니다.

놀이 지도 시 주의할 점

1 탁구공 방향이 조금 빗나가는 것은 금방 연습하고 개선해서 맞출 수 있습니다. 그러나 탁구공 자체가 컵 높이보다 높게 날아가면 방향을 잘 조준해도 맞출 수 없습니다. 그래서 어떻게 쳐야 뜨지 않고, 바닥에 갈려서 날아가는지 연습할 필요가 있습니다.

2 평소 운동이나 놀이를 잘하는 아이들이 컵을 하나도 못 맞추는 경우가 더 많습니다. 2개 이상을 떨어뜨리기 위해 강하게 치는 것에 집착하기 때문입니다. 처음에는 속도보다는 방향에 더 신경을 쓰면서 연습하는 것이 더 좋은 결과를 가져옵니다.

3 방향과 속도 등을 연습한 후라면 전략이 필요합니다. 특히 처음 하는 사람은 컵이 많기 때문에 이왕이면 2~3개를 넘어뜨리는 것을 목표로 하는 것이 좋습니다. 컵과 컵 사이를 조준해서 맞추면 컵 2개가 양쪽으로 밀리면서 컵 2~3개가 떨어지는 경우도 생깁니다.

이렇게 놀면 더 재미있어요

1 탁구공 점수 구역에 넣기

교실 바닥에 점수 구역을 만듭니다. 가까운 곳부터 순서대로 1, 2, 3, 4, 5점, 꽝, 점수 초기화 등으로 만듭니다. 출발 지점을 정하고, 탁구공을 올린 후 검지로 쳐서 점수를 기록합니다. 돌아가며 해서 더 높은 점수를 얻은 사람(팀)이 승리합니다.

2 탁구공 종이컵 쳐내기

책상 등을 이용해서 경기장을 만듭니다. 종이컵으로 책상을 둘러서 테두리를 만듭니다. 처음에는 개인전으로 탁구공을 손가락으로 쳐서 정해진 시간 동안 더 많은 종이컵을 바닥에 떨어뜨리는 것에 도전합니다. 여러 명이 할 경우에는 돌아가며 탁구공을 쳐서 떨어뜨린 종이컵 수만큼 점수를 받습니다.

3 탁구공 당구

책상에 스피드스택스 등으로 벽을 세우고 탁구공 2개가 빠져나갈 수 있는 공간을 만듭니다. 출발 지점에서 젓가락이나 손가락으로 쳐서 탁구공이 밖으로 모두 나갈 때까지 반복합니다. 탁구공을 구하는 시간, 횟수 등을 기록해서 대결합니다.

4 정확하게 골인!

책상 맨 끝에 종이컵을 붙입니다. 종이컵에 숫자나 기호를 적고 책상 반대편에서 탁구공을 굴려 종이컵에 넣는 연습을 합니다. 주사위를 굴리거나 목표를 지정한 후 탁구공을 굴리고 정확하게 들어가면 10점, 목표한 것은 아니지만 들어가면 1점을 얻습니다.

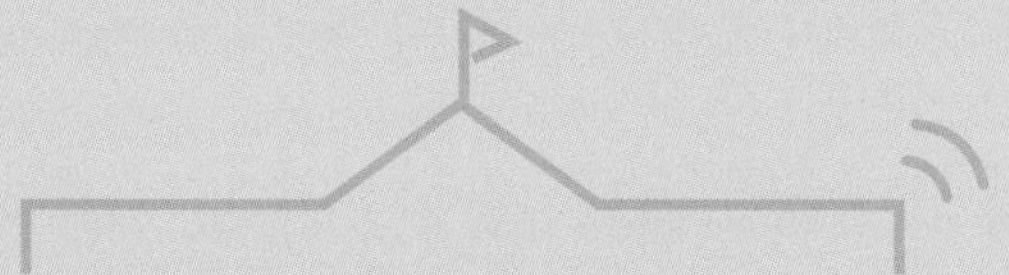

컵으로 풍선을 받아라!

#풍선을 던져주면 #컵으로 받아요 #협동놀이

준비물 스피드스택스, 풍선, 풍선 펌프, 넓고 안전한 공간
대형 모둠

풍선을 공중에 띄우면 어느 정도의 시간이 흐른 뒤 공중에 뜬 풍선이 서서히 바닥으로 내려옵니다. 이 놀이는 풍선이 바닥에 닿기 전에 컵을 이용해서 받는 놀이입니다. 단순해 보이지만 풍선이 날아가는 방향, 내려오는 속도, 받을 때 충격을 줄이는 노력 등 여러 가지 고려할 게 많은 활동이기도 합니다. 개인 기록으로 할 수도 있고, 팀으로 협동해서 놀이하는 것도 좋습니다.

놀이 효과

나비효과(Butterfly Effect)란 나비의 작은 날갯짓처럼 미세한 변화나 작은 차이로 추후 예상하지 못한 엄청난 결과가 파장으로 이어지는 현상을 말합니다. 교실에서도 나비효과를 경험하는 경우가 종종 있습니다. 사소한 말 한마디가 나중에는 수습하기 어려운 문제가 되어 예상치 못한 일이 생기기도 합니다.

이 놀이에서는 친구가 풍선을 받기 좋게 던져주었을 때와, 받을 수 없게 던져주었을 때 전혀 다른 결과를 가져옵니다. 놀이를 하기 전에

'어떻게 해야 친구가 더 많이 잘 받을 수 있을까?'라는 주제로 이야기를 나누고, 팀별 전략을 세운 후 놀이하면 좋습니다.

단계별 놀이 방법

1. 풍선에 바람을 넣어 부풉니다.
2. 풍선을 바닥에서 들어서 공중에 띄웁니다.
3. 바닥에 다시 떨어지기 전에 컵 위에 정확하게 착륙하면 됩니다.
4. 실패하면 같은 과정을 반복해서 먼저 안전하게 착륙한 사람이 승리합니다.
5. 팀을 나누고 릴레이로 대결해 모두가 먼저 착륙한 팀이 이깁니다.

놀이 지도 시 주의할 점

1 풍선은 받는 것 이전에 던지는 게 중요합니다. 받을 수 없게 띄우거나 던져주면 누구라도 쉽지 않습니다. 처음에는 풍선을 제자리에서 받을 수 있게 서로 던져줍니다. 익숙해진 후에는 상대 팀에게 더 어렵게 던져주는 방법을 추가해보면 재미있습니다. 팀을 나누고, 정해진 시간 동안 더 많이 받는 것에 도전할 수 있도록 연습합니다.

2 비행기가 활주로에 착륙할 때 서서히 지면을 향해 내려옵니다. 공중에 뜬 풍선이 컵에 와서 착륙할 때 풍선이 컵에 부딪히면서 다시 공중에 올라가기도 합니다. 그래서 풍선과 함께 위에서 아래로 내리면서 받습니다. 풍선이 컵에 부딪혀서 다시 올라가지 않고, 멈추는 모습을 볼 수 있습니다.

이렇게 놀면 더 재미있어요

1 내가 차고 내가 받기

누군가가 받기 좋게 던져주는 풍선을 받는 것에 익숙해진 후에 내가 차고 내가 받는 놀이로 진행해 보세요. 먼저 스스로 바닥에 있는 풍선을 발로 차고 풍선이 공중에 뜨면 컵으로 받습니다. 한 번에 풍선 입구를 컵에 들어가게 받으면 성공입니다.

2 동시에 여러 명이 해보기

풍선 비행기 착륙 놀이를 동시에 여러 명이 진행합니다. 먼저 정확하게 바람을 넣는 부분이 컵에 들어가서 3초 이상 버티면 성공입니다. 팀에서 정한 순서대로 나와서 하는데 이전 번호 사람이 풍선을 공중에 던져줍니다. 우리 팀이 승리하기 위해서는 잘 던져주는 것도 중요합니다. 동시에 진행하기 때문에 더 오래 버틴 사람이 승리하는 것으로 합니다. 승패가 나지 않으면 공격을 하는 것도 가능합니다.

3 컵으로 풍선 살리기 놀이

2명씩 짝을 만들고 두 발을 원 마커에 올리거나 의자에 앉습니다. 컵을 하나씩 들고 준비합니다. 풍선을 2명 중 한 명에게 쳐서 보냅니다. 가지고 있는 컵으로 쳐서 주고받을 때마다 1점 점수를 받습니다. 발을 떼거나 의자에서 일어나거나 풍선이 바닥에 떨어지면 다음 차례로 넘어갑니다. 돌아가면서 도전해보고 더 높은 점수를 얻은 팀이 승리합니다.

4 풍선을 끝까지 전달하라!

아이들이 2줄로 의자에 앉습니다. 풍선을 순서대로 한 번씩 쳐서 맨 끝까지 전달합니다. 비접촉 버전으로는 컵을 이용할 수도 있습니다. 의자에 앉은 상태에서 컵으로 쳐서 다음 차례 친구에게 풍선을 전달합니다. 방금 나에게 준 친구와 다시 풍선을 주고 받는 것, 더 잘 전달하기 위해 연속으로 두 번 치는 것은 가능합니다. 익숙해지면 학급 전체가 함께 전달하는 것에 도전합니다.

03

보드게임의 원리를 활용한 교실 놀이

김세용

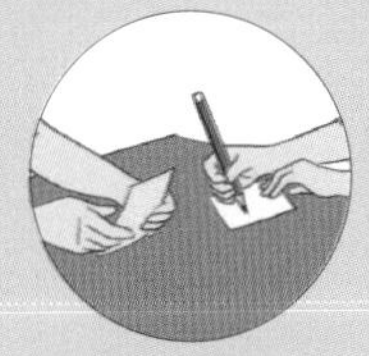

뒤끝 있는 퀴즈 대결

#눈치싸움 #봐주면 안돼? #팀전 대결

준비물 학생 수 이상의 퀴즈 문제(교사가 직접 출제하거나 학생들 각자 출제), 칠판용 자석
대형 모둠(6명씩)

교실에서 아이들과 좀 더 흥미로운 수업을 진행하기 위해 자주 퀴즈 놀이를 하게 됩니다. 많은 선생님께서 마리오 게임, 똥 게임 등 팀 대항으로 퀴즈 대결을 많이 시켜보셨을 것입니다. 그리고 아마 이런 이야기도 들어보셨을 겁니다.

"선생님, 문제는 왜 우리가 더 잘 풀었는데 왜 저 팀이 이겨요? 이건 말도 안 돼요!", "아니, 문제를 잘 풀었는데 꽝이 나와서 점수를 모두 잃는 건 너무 하지 않나요?" 학생들의 볼멘소리를 들으면 열심히 퀴즈 문제를 선별하고, PPT 제작에 공들인 선생님들의 노력이 마치 물거품이 된 것처럼 느껴져 속상하기 마련입니다. 그래서 좀 더 간단하고 어느 정도 공정성을 살리면서도 재미있게 퀴즈대결을 해보면 좋을 방법을 소개해 드립니다.

외국에서 많이 활용하는 'Beats the teacher', 'Grudge ball' 등의 게임 방식에서 아이디어를 얻은 게임 규칙입니다. 교실에서 앉아있는 대형(줄 또는 모둠) 그대로 팀을 나누어 번갈아가며 주어진 문제를 해결하며 상대 팀을 적절히 공격하며 승부를 가리는 경쟁형 학습활동입니다.

놀이효과

퀴즈대결에 팀 서바이벌 형식을 섞어 보다 박진감 넘치고 흥미롭게 학생들이 참여할 수 있습니다. 또, 협동심을 기를 수 있습니다.

단계별 놀이 방법

두근	놀이	수업	만세
●● ●● ●●	●● ●● ●●	●● ●● ●●	●● ●● ●●

1 적절한 숫자로 나누어 팀을 구성하고 서로 팀원을 확인합니다.

2 선생님이 사전에 준비한 문제 또는 학생들이 직접 만든 문제를 보여주고 선공 팀부터 고르게 한 후 학생이 문제를 풉니다.

3 문제의 정답을 맞힐 경우 다른 팀 공격포인트(1점)를 얻고, 보너스 찬스를 얻어 선생님과 가위 바위 보를 대결을 합니다. 선생님을 이기면 추가로 다른 팀 공격 또는 우리 팀 회복을 할 수 있는 보너스 포인트(1점)를 얻습니다.

4 얻은 포인트를 사용해 상대 팀을 공격하고, 우리 팀 생명을 회복시킬 수 있습니다.

5 **팀별로 돌아가며 순서대로 문제를 풀고 포인트를 사용해 게임을 계속 진행합니다.**

6 **주어진 문제를 모두 풀거나 정해진 게임 시간이 모두 지나면 승부를 가립니다.**

두근	놀이	수업	만세
●●	●	●● ●●	

※만세팀이 모든 생명을 잃어 게임 순위는 수업-두근-놀이-만세 순입니다.

놀이 시 주의할 점

1 제목처럼 게임을 마치면 논란의 여지가 생길 법한 구조를 가지고 있습니다. 따라서 항상 게임 자체는 재미를 느끼기 위해 하는 것이며, 승부에 집착하는 것은 놀이를 제대로 즐길 수 없는 낮은 단계임을 강조하여 승패에 너무 집착하지 않도록 사전에 충분히 교육합니다.

2 한 가지 방식으로 반복해서 하는 것보다는 적절하게 규칙을 변형하거나 재밌는 요소를 추가시켜 진행하다보면 비슷한 형태의 게임이지만 매번 새로운 즐거움을 찾고 의미 있는 학습놀이가 될 수 있습니다. 예를 들어 보너스 포인트를 얻는 방식을 선생님이 아닌 공격하고

싶은 팀의 한 학생을 지정하여 대결한다거나, 가위 바위 보 대신에 주사위를 던져 더 높은 숫자가 나오면 이기는 방식으로 변형해 볼 수 있습니다.

이렇게 놀면 더 재미있어요

1 한 팀만을 집중적으로 공격하면 도리어 자신의 팀으로 역공이 들어올 수도 있고, 적절하게 분배하여 공격을 효율적으로 잘하는 것이 유리한 것임을 과정을 통해 알려줍니다. 또 기존 경험을 토대로 더 발전된 게임을 또다시 할 수 있게 추가로 기회를 제공하면 좋습니다.

더할까 말까 확률 놀이

#욕심은 금물 #안정적 판단 #주사위 놀이

준비물 온라인 주사위 2개 또는 주사위 2개, 실물화상기, 종이, 연필
대형 개인

정해진 학습량을 빨리 마친 수학 시간, 남는 시간에 주로 무엇을 하시나요? '더할까 말까 확률놀이'는 덧셈만 할 줄 알면 누구나 참여 가능하지만 막상 해보면 고민에 고민을 거듭해야 하는 심리게임이기도 합니다. 무엇보다 큰 TV 화면으로 온라인 주사위만 보여주면 동시에 쉽게 진행할 수 있기 때문에 수학 시간이나 기타 자투리 시간에 재미있게 함께 즐길 수 있습니다. 덧셈과 확률의 수학적 요소를 게임의 운과 결합시켜 즐겁게 함께 할 수 있는 수학 놀이로 아이들과 함께 해보시길 추천합니다.

놀이효과

수학 시간에 더하기 연산을 재밌게 해볼 수 있을 뿐만 아니라 경우의 수, 확률 등의 수학개념을 게임을 통하여 직접 익혀볼 수 있습니다.

모든 사람들은 더 많은 점수를 얻길 원합니다. 모두가 큰 부자가 되기를 바라는 것처럼 아이들도 되도록 큰 점수를 얻으려고 합니다. 하지만 이 게임을 몇 번 해보면 큰 욕심을 부리고 무리하기보다는 주사

위 눈이 나오는 확률을 계산해보고 이 정도 타이밍에는 이미 모은 점수를 지키는 것이 훨씬 더 낫다는 것을 깨닫게 될 것입니다.

단계별 놀이 방법

1 선생님은 2개의 주사위를 준비하고, 학생들은 각자 종이에 더-할-까-말-까 5라운드 표를 그립니다.

2 5라운드가 진행되며 '더' 라운드부터 시작합니다. 선생님은 2개의 주사위를 계속 던집니다. 일단 숫자 1이 아주 중요합니다. 하나의 숫자 1이 나오면 해당 라운드의 점수를 없애고 종료시킵니다. 2개의 1의 동시에 나온다면 지금까지 쌓아온 점수를 모두 잃게 됨을 꼭 기억하고 활동에 참여해야 합니다.

만약 숫자 5와 6이 나왔다면 5+6=11, 즉 11을 '더'라운드 밑에 기록합니다. 모두가 11을 기록한 후에 선생님은 학생들에게 더

할지 말지를 물어봅니다. 각자 학생은 11의 숫자를 그대로 지키거나 이후 주사위 숫자놀이에 더 참여할지 결정할 수 있습니다. 11에서 멈추길 원하는 학생은 이번 라운드에는 더 이상 참여하지 않고 11점의 점수를 지키며 관찰만 할 수 있습니다. 나머지 학생은 선생님이 던지는 주사위 숫자를 보고 이후 활동을 계속합니다. 3과 4가 나오면 3+4=7을 먼저 11 밑에 적고, 더 참여할지 거기에서 점수를 지키려 멈출지 결정하는 식으로 반복합니다. 해당 라운드에 더 참여하지 않을 학생은 의자를 옆으로 빼 앉습니다.

3 선생님이 던진 2개의 주사위 중 1이 나오면 그 라운드를 계속 진행하던 모든 참여자는 그 동안 쌓은 점수를 잃게 됩니다. 즉 앞에 11+7=18 점을 얻었더라도 세 번째 던진 주사위에 1이 있다면 0점이 되게 됩니다. 또는 4와 6등이 나와 10점을 추가로 더할 수도 있습니다.

4 각 라운드는 숫자 1이 나오거나 참여자 모두가 더 이상 진행할 의사가 없음을 알릴 때 종료됩니다.

5 한 번 포기하면 해당 라운드에는 중간에 다시 참여할 수 없습니다. 새로운 다음 라운드에는 다시 참여가 가능합니다.

6 5라운드를 모두 진행하고 각자 점수를 더하여 가장 높은 점수를 얻은 사람이 우승자가 됩니다. 우승자는 다음 게임에 선생님 대신 주사위를 던지는 자격을 얻게 됩니다.

예시)

더	할	까	말	까
11	5	7	8	4
6	8	10	×	7
7	×	5		8
8		×		9
×				×

놀이 시 주의할 점

1 선생님은 학생들이 주사위 눈을 잘 볼 수 있도록 주사위 어플 또는 프로그램을 사전에 준비해서 활용해야 합니다.

2 매번 주사위를 던진 후 새로 주사위를 던지기 전에 학생들에게 점수를 지킬지 또는 계속 참여할지를 물어보고, 관찰자와 계속 참여자를 확실하게 구분해야 합니다. 더 이상 참여하지 않을 학생들은 옆으로 나와 앉거나 자리에서 일어나는 방법으로 계속 참여하는 학생들과 구분을 해야 합니다.

이렇게 놀면 더 재미있어요

1 낮은 확률이지만 만약 주사위 숫자 6과 6이 나오면 66점을 더한다던가 4와 4가 나오면 모두 16점을 빼는 변형된 규칙을 넣어서 진행해도 재미있습니다.

2 클래스룸 스크린 (https://classroomscreen.com) 주사위 던지기 기능 또는 네이버나 구글 주사위를 이용하면 실물 주사위 없이도 편리하게 사용 가능합니다.

3 '설마 나오겠어?'라고 방심하다가 주사위 눈이 1이 나오는 순간 세상이 무너져버리는 듯한 절망감이 들 수도 있습니다. 본인이 열심히 여태 쌓아 놓았던 많은 점수가 사라져 버리게 되기 때문입니다. 너무하다는 생각이 들 수 있지만 그게 이 게임의 묘미입니다.

그러므로 숫자 1이 나오기 전에 점수를 지키고 언제 그만둘지를 정하는 전략을 짜야 합니다. 자신의 점수를 지켜내면서 다른 이들보다 높은 점수를 얻을 수 있는 최선의 수학적인 전략을 활용해야 합니다. 조금 어렵지만 횟수에 따른 평균 점수라던가 기댓값과 같은 수학 개념을 설명해 주고 같이 이야기를 나눠본 다음에 다시 해보면 앞서 운에 많이 의존하던 것에서 좀 더 수학적으로 접근하며 게임을 즐기는 학생들의 모습을 볼 수 있을 것입니다. 학생들에게 이런 내용을 가르쳐주고 다시 해보면 어떨까요?

전달 전달 집어!

#딩고게임 #눈 크게 뜨고 #순발력 필요

준비물	같은 개념 카드 각 5장씩 20장(4인 기준)
대형	모둠

혹시 '딩고 게임'을 해본 적이 있으신가요? 독일 Amigo 보드게임 회사에서 제작하여 전 세계에 스테디셀러로 많이 판매된 딩고(Dingo)는 원래 같은 그림을 5장 먼저 모으는 사람이 승리하는 방식의 카드 게임입니다. 꼭 1등을 하지 않아도 재빠르게 1등을 따라 주어진 미션을 수행하면 꼴찌를 면할 수 있는 간단하고도 재밌는 게임입니다. 우리나라에서는 아이들에게 친숙한 카카오 프렌즈에서 귀여운 라이언 인형을 먼저 집는 '프렌즈 캐치캐치'라는 보드게임으로 새롭게 출시가 되기도 했습니다. 교실 수업에서는 바로 이 딩고 카드 게임의 원리를 이용하여 같은 그림 대신에 하나의 공통된 개념을 설명하는 카드 4~5장을 모으는 방식으로 손쉽게 학습놀이를 할 수 있습니다.

예시)

고구려	백제	신라	발해
광개토대왕	의자왕	선덕여왕	대조영
수렵도	계백	첨성대	3성 6부제
주몽	무령왕릉	김유신	5경 15부
장수왕	몽촌토성	화랑도	해동성국

놀이 효과

친구들과 함께 가볍게 카드놀이를 한다는 기분으로 간단한 규칙을 따라 연결된 개념을 모으는 과정을 통해서 협응 능력 및 순발력을 기를 수 있습니다.

단계별 놀이 방법

1 한 모둠을 4명 기준으로 모여 앉고, 가위 바위 보를 해서 리더를 정합니다. 3~5명도 가능하며 카드 개수를 미리 맞춰놓고 해야 합니다.

2 리더는 카드를 골고루 섞은 후 모든 참여자들에게 각각 5장씩 나누어 줍니다. 그리고 모든 참여자들은 책상 한가운데 지점에 각자 자신의 연필을 내려놓습니다.

3 각자 다른 사람이 보이지 않게 자신이 받은 카드를 확인합니다. 내가 가진 카드를 보고 어떤 목표로 모을지 마음속으로 정합니다.

4 필요하지 않은 카드를 생각한 후에 리더 '하나, 둘, 전달' 구령에 맞춰, 버릴 카드 한 장을 오른쪽 사람 앞에 카드를 뒤집은 채로 내려놓습니다.

5 각자 왼쪽 사람에게 받은 카드를 가져와 확인합니다. 5장이 된 카드 내용을 확인하고 원하는 카드를 모으지 못하면 계속 진행합니다.

6 다시 '하나, 둘, 전달'을 외치면서 옆으로 나에게 필요 없는 카드를 전달해줍니다. 한 명이 5장의 완성된 카드를 모을 때까지 이 과정을 반복합니다.

7 목표 카드 5장을 먼저 모두 모은 사람은 크게 '집어!'를 외치고 책상 위에 있는 자신의 연필을 잡습니다. 다른 친구들도 따라서 자신의 연필을 집는데 가장 늦게 연필을 집은 친구가 다음 판에 카드를 나눠줍니다.

놀이 지도 시 주의할 점

1 놀이 전 충분히 카드에 들어갈 관련 개념들을 학습할 시간을 제공해주어야 합니다. 이 과정이 없으면 어떤 카드를 모아야 하는지 학습 능력이 부족한 아이들은 내용 파악이 안 되어 엉뚱한 카드를 모을 수도 있습니다. 모둠별로 어떤 카드들이 연관된 개념을 가지고 있는지

를 충분히 학습한 후에 놀이를 시작해야 합니다.

이렇게 놀면 더 재미있어요

1 본 게임에서는 딩고를 외치고 물건을 잡는 게 아니라 손등을 얹게끔 되어 있습니다. 친밀하고 유쾌한 분위기가 형성되어 있고 신체접촉이 자유로운 교실이라면 원래의 규칙을 살려 손등 얹기로 미션을 함께 해도 재미있습니다. 카드의 내용도 학습 내용이 아니라 아이돌 그룹 멤버 이름, 노래 제목 등 꼭 교과의 내용이 아니더라도 유목화시킬 수 있는 흥미로운 내용들로 바꿔서 친교 활동으로 놀이를 하면 더 재밌게 할 수 있습니다.

모서리 찢기 빙고

#중요한 건 모서리부터 #찢기 꿀잼 #스트레스 해소에 굿!

준비물 A4용지, 펜
대형 개인

빙고 놀이는 교실에서 가장 많이 활용되는 대표적인 수업 놀이입니다. 특히 사회, 과학 시간에 교과서를 훑어보고 주요 키워드로 해보는 단원 도입 빙고는 선생님들이 자주 애용합니다. 또는 단원 마무리 활동으로도 학습한 단원에서 가장 중요한 단어들을 모아서 정리 및 복습 활동으로 빙고를 하기도 합니다.

이 모서리 찢기 빙고 놀이는 가장자리가 아닌 중간 부분을 찢어내는 놀이로 아이들에게 큰 웃음을 주는 놀이입니다. 신나게 찢어낸 후에 바닥에 종이가 떨어져 정리를 해야 하는 번거로움도 있지만 구성원 모두가 다 찢어낼 때까지 몇 번이고 단어들을 부르는 재미가 있어 좋습니 다. 1등 친구뿐 아니라 마지막에 끝낸 친구까지도 모두 웃으면서 할 수 있는 덜 경쟁적인 빙고 놀이입니다.

놀이 효과

여러 가지 빙고 놀이 중에서도 모서리 찢기 빙고는 그냥 동그라미를 치는 활동이 아니고 종이를 찢어내는 놀이이기 때문에 아이들이 다른 빙고 놀이를 할 때보다 훨씬 더 즐겁게 참여하고 쾌감을 느낄 수 있습니다.

단계별 놀이 방법

1 A4 종이를 길게 반으로 접어서 자른 후, 자른 반 장의 종이를 옆으로 세 번 접어서 폅니다.

2 총 8개의 칸이 생기면 주제에 해당하는 단어를 생각해서 8가지 적습니다. 이때 양쪽 바깥쪽부터 순서대로 다른 친구들도 잘 적을 것 같은 단어(또는 중요한 단어)를 생각하여 적어야 합니다.

예) 3학년 수학: 원이 들어간 물건 적기

원반	양궁 과녁	자전거 바퀴	접시	병뚜껑	피자	축구장	선풍기

3 진행자가 하나의 단어를 부른 후에 해당하는 단어가 자신의 종이 양쪽 모서리에 있으면 찢어냅니다. 번호 순서대로 또는 앉은 자리 순서대로 한 명씩 돌아가며 부르거나 또는 뽑기 프로그램을 이용해 이름이 나오는 순서대로 하나씩 부르면서 게임을 진행합니다.

4 불린 단어가 종이 안쪽 면에 있으면 찢어낼 수 없고, 한 번 나왔던 단어를 여러 번 부를 수 있습니다.

5 가장 먼저 총 8개의 칸을 다 찢어낸 친구는 '빙고!'를 외치고 승리합니다.

6 바로 끝내지 않고 2/3 이상의 친구가 '빙고'를 완성할 때까지 계속합니다.

7 새로운 주제어를 제시하고 새롭게 빙고 놀이를 다시 시작할 수 있습니다.

놀이 시 주의할 점

1 총 8개의 칸 중에서 오른쪽과 왼쪽 끝 칸만 키워드가 나왔을 때 찢을 수 있기 때문에 반드시 중요한 단어부터 바깥쪽에 적도록 강조합니다. 또, 키워드를 빈칸에 적기 전에 아이들 전체에게 중요한 내용을 미리 정리해주는 과정이 꼭 필요합니다. 따라서 중요한 단어와 그렇지 않은 단어들을 판단하는 수준 차이가 생길 수 있으므로 전체적으로 중요한 단어들을 함께 모아보는 활동을 하면 좋습니다.

2 종이를 접고 자르는 시간도 아까울 수 있으므로 미리 모서리 찢기 빙고를 위해 종이를 잘라두고, 3번만 옆으로 접어서 사용하게 하면 시간을 절약할 수 있습니다.

3 아이들에게 갑자기 8개나 되는 단어를 떠올려 적으라고 하면 당황해서 적지 못하는 친구들이 있습니다. 모두가 함께 복습하기 위한 학습놀이이므로 먼저 전체를 대상으로 브레인스토밍을 해보거나, 칠판에 많은 단어들을 적어놓고 시작해도 좋습니다. 그리고 중요한 키

워드는 여러 번 불릴 수 있음을 아이들에게 미리 알려줘야 합니다.

4 신나게 빙고 종이를 찢어낸 후에 바닥에 종이가 떨어져 정리를 해야 하는 번거로움도 생길 수 있습니다. 그러니 찢어낸 종잇조각을 책상 위에 잘 모아두었다가 버리도록 지도해야 합니다.

이렇게 놀면 더 재미있어요

1 직사각형 모양 대신에 십자가 모양으로 인쇄한 활동지를 나눠주고 각자 가위로 잘라서 동서남북 가장자리부터 찢어내는 방식으로 확장시켜서 더 많은 단어들로 빙고놀이를 해볼 수 있습니다. 이 경우에는 많은 단어들을 가지고 활동을 할 수 있는 장점이 있는 반면에 가위질이 필요하고 시간이 더 많이 걸리는 점을 고려해주어야 합니다.

주사위 연산 빙고

#수학연산을 게임으로? #빙고는 항상 옳아 #재밌는 수학놀이

준비물	주사위(어플 혹은 온라인 주사위), A4 종이
대형	개인

학교에서 영재학급 학생들에게 수학을 가르치다 보면 꽤 재미있는 수학 놀이들이 많다는 것을 알 수 있습니다. 기본적으로 수학 연산을 통해 나온 숫자들을 활용한다는 점은 동일한 원리인데 그것을 다양한 방식으로 풀어내어 게임 형태로 만든 점이 흥미롭습니다.

일종의 땅따먹기 방식인 머긴스(Mugins) 게임, 이를 변형하여 빙고 형태로 발전시킨 페르마 게임, 그리고 연산 결과로 만들어 내기 어려운 난이도를 따져 숫자카드로 제시한 파라오 코드 게임 등 다양한 방식으로 수학 연산을 즐길 수 있습니다. 이 게임들 외에 가장 간단하게 주사위(온라인 주사위)와 빈 종이만 있으면 언제든지 할 수 있는 주사위 연산 빙고를 함께 해보겠습니다.

놀이 효과

수학 보드게임 중 '파라오 코드'는 교실에서 아이들이 짧은 시간에도 즐길 수 있는 인기 게임입니다. 4인 1조만 해도 6~7세트의 보드게임이 필요하여 전체가 즐기기에는 어려움이 있었는데, 수학 연산 빙고는 간단하게 종이와 펜만 있으면 학급 구성원 전체가 동시에 참여할 수 있는 빙고 게임으로 진행이 가능합니다.

무엇보다 수학 교과와 연계하여 연산 단원을 공부할 때 자주 활용할 수 있다는 것이 큰 장점입니다. 단순히 반복 연산훈련을 시키면 학생들이 지루해하거나 재미없어할 수 있는데, 빙고 게임으로 바꾸어 직접 만들어 가는 연산 학습을 유도하면 좀 더 적극적으로 수학 수업에 참여할 것입니다.

숫자1	숫자2	숫자3
계산식:	계산식:	계산식:
숫자4	**숫자5**	**숫자6**
계산식:	계산식:	계산식:
숫자7	**숫자8**	**숫자9**
계산식:	계산식:	계산식:

단계별 놀이 방법

1 **각자 1~40까지의 숫자 중 자신이 생각한 9가지 다른 숫자를 정해 위 9칸에 씁니다.**

2 **선생님은 3개의 주사위를 한 번에 굴립니다. 주사위 어플이나 프로그램을 이용해도 좋습니다.**

3 주사위를 굴려 나온 3개의 숫자를 가지고, 사칙연산 및 괄호 등 수학기호를 활용해 자신이 쓴 숫자가 결과로 나오게 계산식을 만듭니다.

예) 2+3×4=14, 4×5-2=18, (5+6)×2=22

4 내가 예상한 숫자를 만들면 체크하고, 그렇지 못하면 다음 주사위 굴리기 타임을 기다립니다. 한 번 주사위를 굴리면 2~3분 정도 시간을 줍니다. 이때 타이머 활용하면 좋습니다.

5 가로나 세로, 대각선으로 먼저 2줄 또는 3줄 빙고를 완성하면 승리합니다.

놀이 지도 시 주의할 점

1 게임 시작 전에 세 개의 숫자를 활용하여 만든 연산식의 예를 다양하게 보여주어 여러가지 방식으로 계산 결과를 도출해 낼 수 있음을 알려줍니다.

2 처음에 쉽게 성공할 수 있는 팁을 알려주어 즐겁게 참여할 수 있는 동기를 부여합니다. 처음에는 완성해야 할 빙고의 줄 수를 적게 시작해보고, 점점 더 늘려서 해보도록 합니다. 만들기 어려운 숫자들은 선생님이 직접 예를 들어주면 더 좋습니다.

3 게임을 한 번 해보고 나서 어떤 숫자들이 식을 완성하기 쉬웠는지 함께 토의해보게 합니다. 만약 수식을 완성하기 어려운 숫자가 있었다면 그 원인이 무엇이었는지 함께 찾아보는 과정을 거쳐보는 것도 좋습니다.

이렇게 놀면 더 재미있어요

1 주어진 시간이 충분하다면 16칸 또는 25칸으로 확장하여 한 차시 수업으로도 진행할 수 있습니다. 이때 완성시킬 빙고의 줄 수는 적절하게 조정해 줍니다. 아직 연산에 익숙하지 않은 저학년 학생들이 할 때는 주사위 3개 중 숫자 2개 이상으로 사용하여 식 만들기 규칙으로 좀 더 쉽게 진행할 수도 있습니다.

2 만약 학생이 각자 주사위를 가지고 있다면 3번을 연속으로 굴려 나온 숫자를 가지고 직접 던지면서 하는 것도 재미있습니다.

주사위 그림 그리기

#주사위 굴리는 재미 #서로 다른 재밌는 결과 #쉬운 그리기

준비물 주사위(어플 혹은 온라인 주사위), A4용지, 두꺼운 펜, 구글에서 roll and draw 또는 dice drawing sheets을 검색하여 그리고 싶은 주제의 그림 다운 받기

대형 개인

주사위 그림 그리기는 미리 준비된 표를 보면서 짧은 시간에 주사위를 굴려 나오는 숫자에 해당하는 모양으로 그림을 순서대로 그리는 그림 놀이입니다. 외국에서는 'Roll and Draw'라는 명칭으로 많이 활용되는 방법으로 검색해보면 다양한 그림표를 찾아볼 수 있습니다. 모두가 동시에 주사위의 숫자를 보고 그림을 그리지만 완성된 그림은 다 달라서 함께 감상하는 재미가 있습니다. 무엇보다 그리기 실력이 뛰어나지 않아도 누구나 부담 없이 활동에 참여할 수 있는 그리기 활동이라 추천합니다.

예)

얼굴 그리기

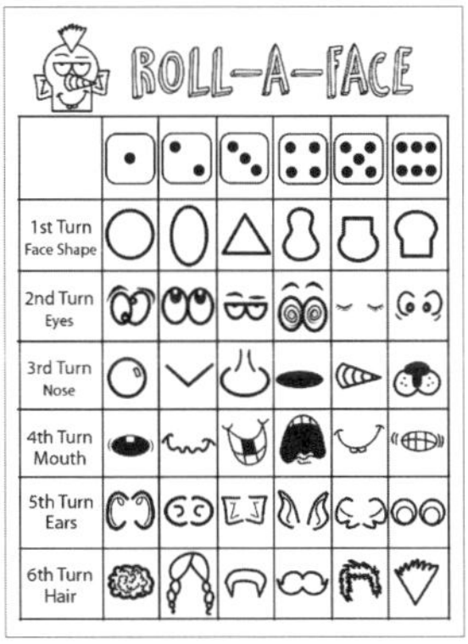

ROLL-A-FACE

1st Turn Face Shape						
2nd Turn Eyes						
3rd Turn Nose						
4th Turn Mouth						
5th Turn Ears						
6th Turn Hair						

풍경 그리기

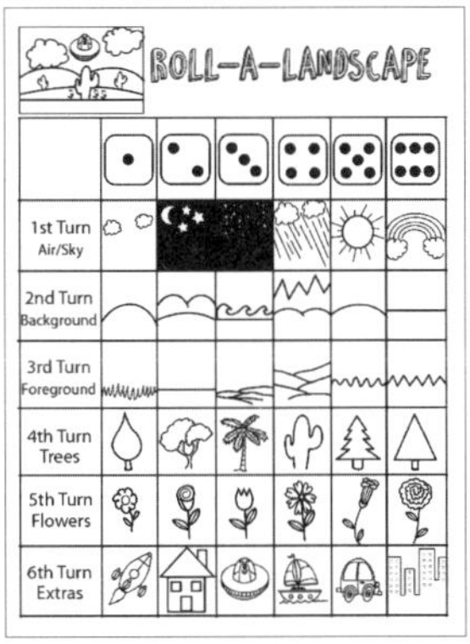

ROLL-A-LANDSCAPE

1st Turn Air/Sky						
2nd Turn Background						
3rd Turn Foreground						
4th Turn Trees						
5th Turn Flowers						
6th Turn Extras						

놀이 효과

미술 시간 풍경화나 초상화를 그리기 전, 과학 시간 배추흰나비 애벌레의 한살이를 공부할 때 활용하면 좋습니다. 예를 들어 3학년 과학 시간에 '동물의 한살이' 단원을 공부할 때 다양한 모습의 애벌레를 그려보면서 흥미를 키울 수 있습니다. 핼러윈이나 크리스마스 등의 특별한 시기에 어울리는 그림도 함께 그려보고 나눌 수 있어서 교실 환경으로 전시도 가능합니다.

단계별 놀이 방법

1 **먼저 구글에서 roll and draw 또는 dice drawing sheets을 검색하여 그리고 싶은 주제의 그림을 다운받습니다. 주사위를 굴려서 보고 그릴 그림표를 준비합니다.**

2 **총 5~6개의 라운드로 진행되며 라운드별로 주사위를 굴려서 나온 숫자에 해당하는 그림을 각자 차례대로 해당 라운드 그림을 보고 그립니다.**

3 **진행자가 온라인 주사위 프로그램이나 주사위 어플을 이용하여 큰 화면에 보여주면 주사위 눈에 해당하는 모양을 확인하고 각자 그림을 그립니다.**

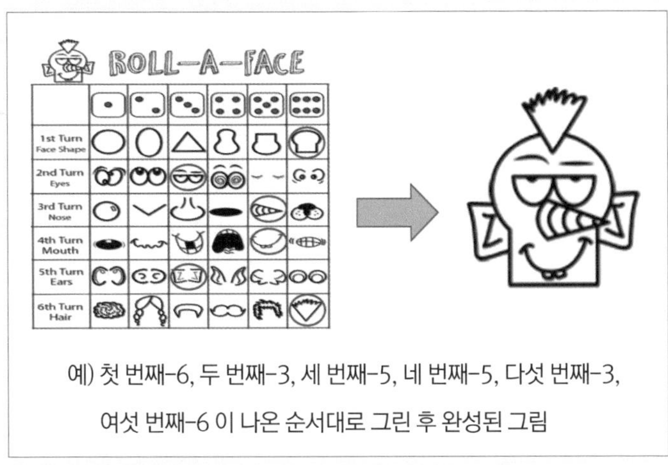

예) 첫 번째-6, 두 번째-3, 세 번째-5, 네 번째-5, 다섯 번째-3, 여섯 번째-6 이 나온 순서대로 그린 후 완성된 그림

4 **놀이 중간에 해당 라운드의 그림을 다 그렸는지 확인합니다.**

5 **완성한 그림은 친구들에게 보여주며 서로 비교해 봅니다. 특별히 재밌거나 인상적인 그림은 실물화상기를 활용하여 크게 보여줍니다.**

6 **서로의 작품을 감상하고 소감을 함께 나눠봅니다.**

놀이 지도 시 주의할 점

1 각자 실물 주사위를 가지고 직접 굴리면서 하면 가장 재미있지만, 실물 주사위 없이도 온라인 주사위 프로그램 또는 스마트폰 주사위

어플을 이용하여 손쉽게 활동할 수 있습니다. PiliApp 주사위 던지기 프로그램은 한 번에 6개의 주사위를 던질 수 있으므로 학생들에게 각자 매 라운드마다 주사위를 돌리기 전 마음속으로 몇 번째 주사위를 나의 주사위로 할 것인지 정하도록 합니다. 좀 더 다양한 그림을 그려보고 싶다면 구글에 '주사위 던지기 프로그램'을 검색하여 구글 자체에서 제공하는 주사위를 사용하면 학생 숫자만큼 주사위를 늘려서 더 재밌게 그려볼 수도 있습니다. 그림은 되도록 A4 사이즈 정도의 종이에 네임펜 등으로 굵게 그리는 게 보기에도 더 좋은 결과물을 얻을 수 있습니다.

이렇게 놀면 더 재미있어요

1 미술 시간 도입활동으로 시기에 맞게 주제를 바꾸어 여러 번 그려볼 수 있습니다. 예를 들어 할로윈 시즌에 맞춰 몬스터 그리기, 크리스마스 시즌에 트리 그리기, 과학시간 동물에 대해서 공부할 때 부엉이나 까마귀, 곰, 물고기 등 그리기, 눈 오는 날 재미있는 눈사람 그리기 등 목적에 맞게 다양하게 활용이 가능합니다.

Do You Want to Build a Snowman?

	Roll 1 Body	Roll 2 Face	Roll 3 Arms	Roll 4 Hat	Roll 5 Scarf

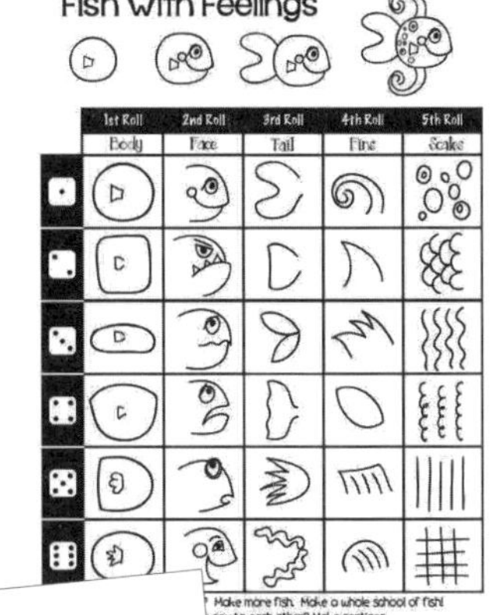

Fish with Feelings

	1st Roll	2nd Roll	3rd Roll	4th Roll	5th Roll
	Body	Face	Tail	Fins	Scales

Make more fish. Make a whole school of fish! … say to each other? Make captions.

MAKE A FACE

	1st Roll	2nd Roll	3rd Roll	4th Roll
	Head	Eyes	Nose & Mouth	Hair

Picasso Face

	1st Roll	2nd Roll	3rd Roll	4th Roll	5th Roll
	Ears	Eye #1	Eye #2	Nose	Mouth

Monsters

	1st Roll	2nd Roll	3rd Roll	4th Roll
	Bodies	Eyes and Noses	Mouths	Hair and top stuff

www.expressivemonkey.com

순발력 단어게임 쁘띠 바크

#작은 수능 #스피디한 단어게임 #경청도 필수

준비물 7가지 주제와 빈칸이 있는 학습지(1인 1장), 필기도구
대형 개인

선생님은 '쁘띠 바크'라는 용어를 들어보셨나요? 처음 쁘띠 바크 단어놀이를 접했을 때 과연 아이들이 단어를 빨리 생각해서 적는 놀이를 재미있어할까 고민이 많았습니다. 그런데 직접 머리를 쥐어짜며 참여해보니 신기하게도 정말 재밌었습니다. 그러나 직접 해봤음에도 불구하고 연이어 이런 의문이 들었습니다. '교사인 나야 어른이니 그럴 수 있겠지만 우리 아이들도 이걸 재미있어할까?'

걱정과 달리 아이들의 반응은 의외로 폭발적이었습니다. 평소 어휘력이 뛰어난 아이도 그렇지 않은 아이도 흘러나오는 배경음악에 긴장감이 더해져서 그런지 두 손으로 머리를 싸매가며 열심히 참여하는 모습을 보니 왜 이 단어놀이가 프랑스에서 국민게임으로 사랑을 받았는지 알 수 있었습니다. tvN <문제적 남자> TV 프로그램에 소개되어 알려진 이 단어놀이는 실제로 프랑스에서 Petit Bac '작은 수능'이라고 불리며 남녀노소 할 것 없이 모두 둘러앉아 수시로 즐기는 국민게임입니다.

놀이 효과

주어진 자음으로 시작하는 단어들을 재빠르게 떠올리는 과정을 통해 어휘력, 순발력, 듣기능력 등을 기를 수 있습니다. 또 주어진 자음으로 시작하는 단어들을 재빠르게 떠올리는 과정을 통해 어휘력, 순발력, 듣기능력 등을 기를 수 있습니다.

각자 개인별로 하는 놀이지만 다른 친구의 발표도 잘 들어야만 유리한 게임이기에 주의를 기울여 듣는 경청을 강조할 수 있어 더 의미 있는 활동이라고 얘기할 수 있습니다.

단계별 놀이 방법

1 총 7개의 주제(예를 들어 나라, 노래, 동물, 물건, 운동, 유명인, 음식)를 제시합니다. 주제는 참여자 수준에 맞게 변형하여 적절하게 제시할 수 있습니다.

2 각 라운드마다 사회자는 'ㄱ' 부터 'ㅎ' 사이에 하나의 자음을 제시합니다.

3 참여자들은 주어진 자음을 보고 7가지 주제에 맞게 자음으로 시작하는 단어를 생각하여 빈 칸에 적습니다. 반드시 7칸을 모두 채우고, 정확한 단어를 적어야 합니다.

4 7개의 단어를 가장 먼저 다 적은 사람은 '완성!'이라고 외치고, 나머지 참여자들은 그대로 펜을 놓고 단어를 더 적을 수 없습니다.

5 '완성'을 외친 사람은 자신의 답을 하나씩 말하며, 단어 하나당 1점을 얻습니다. 이때 같은 단어를 적은 참여자가 있을 경우에는 그 사람만 단어 하나당 1점씩을 얻습니다. 발표자는 점수를 얻을 수 없습니다.

자음	나라	노래	동물	물건	운동	유명인	음식
ㄹ	룩셈부르크	라라라	라이거	라디오	리듬체조	루이14세	라면

6 만약 발표자가 틀린 단어를 말한 경우에는 이전까지 불렀던 단어는 모두 무효로 처리하고 그 상태에서 모두에게 다시 완성할 수 있는 기회가 주어집니다.

7 이렇게 반복하여 5라운드를 하고 가장 높은 점수를 얻은 참여자가 우승합니다.

놀이 지도 시 주의할 점

1 학년별 수준에 따라 7가지 주제를 다르게 제시할 필요가 있습니다. 예를 들어 '고사성어' 같은 주제는 초등학생들에게는 어려울 수 있으므로 빼고, '놀이'라던가 '캐릭터 이름' 등으로 바꿔서 제시해도 좋겠습니다.

2 주제 중에서 유명 인물 같은 경우에는 명확하게 어떤 사람들이 해당하는지를 예를 들어 설명해주는 것이 좋습니다. 역사적 인물, 연예인, 스포츠 스타, 가수 등이 이에 해당하는데 요즘 아이들이 많이 아는 유튜버 같은 경우에는 미디어 접근성에 따라 개인 격차가 생길 수도 있으므로 미리 아이들과 협의하여 정답으로 인정되는 범주를 정하거나 선생님이 정하여 분명하게 기준을 세워주는 것이 필요합니다.

이렇게 놀면 더 재미있어요

1 쁘띠 바크 단어 놀이는 온라인 수업에서도 활용하기 매우 쉬운 장점이 있습니다. 참여 인원에도 제약이 없기 때문에 한 번에 많은 수의 학생들이 함께 해볼 수 있고, 교직원 연수 등의 시간에 동료 선생님들과도 재밌게 해볼 수 있습니다. 주제의 영역이나 제시하는 자음을 바꾸면 매번 새롭게 도전하는 마음으로 참여할 수 있어서 두뇌회전 및 어휘력 향상을 위한 목적으로 자주 활용되면 좋을 단어 놀이입니다. 영어 시간에는 'Noun', 'Verb' 같은 품사를 주제로 영역을 바꿔보면 언어적으로 더 학습에 적절하게 활용할 수 있습니다. 좀 더 폭넓게 게임 방식까지 변형을 해본다면 훨씬 더 다양한 게임으로 발전시킬 수 있을 것입니다.

스토리 큐브

#이야기 만들기 #기발한 스토리 #나도 이야기 작가!

준비물 스토리 큐브 주사위 또는 스토리 큐브 프로그램
대형 모둠, 개인

'스토리 큐브' 놀이는 주사위에 새겨진 그림을 보고 마음대로 이야기를 만들어 낼 수 있기 때문에 평소에 글쓰기를 싫어하는 학생도 자발적으로 손을 들어 참여할 수 있는 활동입니다.
오프라인 수업에서는 더 다양한 그림이 있는 스토리 큐브들이 많기 때문에 실제 교실에서도 재미있는 그림이 그려져 있는 스토리 큐브들을 굴리고 짧지만 재미있게 이야기를 만들며 놀 수 있습니다. 특히 저학년 아이들은 더 열려있는 마음으로 이야기를 새롭게 만들어 내는 힘이 기를 수 있으며, 멋진 스토리를 완성한 친구에게는 칭찬의 박수를 보내줄 수 있는 멋진 놀이입니다.

놀이 효과

주사위에 새겨진 그림을 매개로 평소보다 더 창의적이고 흥미로운 이야기를 만들어 보고 친구들과 공유할 수 있습니다.

단계별 놀이 방법

1 김정식 수석님의 과학사랑 블로그에서 스토리 큐브(그림용)을 다운받아 압축을 풉니다.

※블로그 주소: https://sciencelove.com/2066

2 사용할 큐브의 개수(3개, 6개, 9개)를 선택하고 시작 버튼을 누릅니다.

3 시작 버튼을 눌러 그림이 나타나면 그림을 마음에 드는 순서대로 골라 재배열한 다음에 주제와 관련된 내용을 그림과 연관 지어 스토리를 자유롭게 만듭니다.

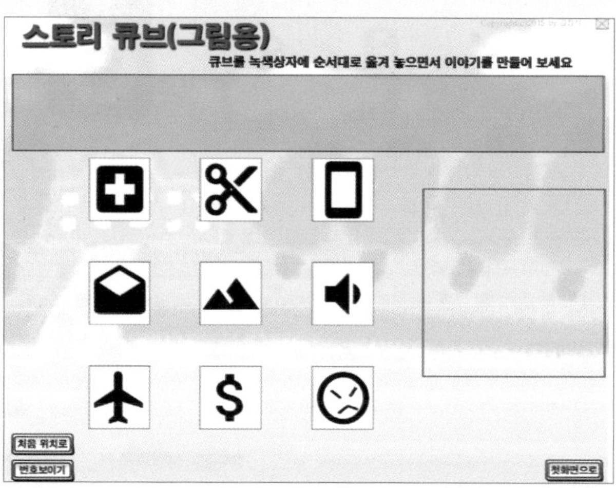

4 주어진 큐브를 녹색상자로 드래그 해 순서대로 옮겨놓으면서 이야기를 만들면 됩니다. 넉넉하게 큐브 수를 주고 사용하게 하면 좀 더 이야기를 쉽고 자연스럽게 만들 수 있습니다.

예) 9개의 큐브를 제시하고, 7개 이상 사용하여 스토리 만들기

5 첫 화면으로 버튼을 눌러 새롭게 스토리 큐브들을 선택하고 앞선 과정을 반복하여 새롭고 재밌는 이야기를 계속 만들어 냅니다.

놀이 지도 시 주의할 점

1 주어진 스토리 큐브를 가지고 창의적으로 이야기를 만들어 나가는 놀이기 때문에 크게 준비하거나 어려운 점은 없습니다. 다만 아이들 특성상 별 생각 없이 파괴, 망함, 죽음 등 부정적으로 이야기를 쉽게 마무리 짓는 경우가 종종 있습니다. 그러므로 활동을 하기 전에 창의적으로 이야기를 만드는 것은 괜찮지만 어느 정도 개연성이 있어야

제대로 된 이야기가 완성된다는 것을 교육시켜주는 것이 좋습니다. 또 이미지 중에서 중의적으로 해석될 수 있는 것들은 이야기를 만드는 사람이 해석한 의미로 받아들여주는 것이 필요합니다.

이렇게 놀면 더 재미있어요

1 이 프로그램 상에는 총 74개의 이미지가 들어있습니다. 좀 더 열려있고 재밌는 이야기를 만들어 내려면 모두에게 74개의 이미지를 큰 화면으로 보여주고 그 중에서 각자 자신에게 필요한 이미지들을 몇 개 이상 골라 스토리를 만들어보도록 할 수 있습니다. 특히 국어 시간에 창의적인 글쓰기를 활동과 연관 지어 수업에 활용해 볼 수 있습니다. 아이들은 글로 쓰는 것보다는 말로 하는 것을 훨씬 선호하기 때문에 일단 스토리 큐브를 가지고 간단히 말로 이야기를 만들어 본 후 그 내용을 글로 다듬어 완성하는 식으로 말하기-쓰기 과정을 연계시켜 볼 수 있습니다. 돌아가며 이야기를 완성한 후에는 갤러리 방식으로 가장 창의적이거나 재미있는 이야기에 투표를 해보는 것도 즐거운 감상의 방법이 될 수 있습니다. 온라인 수업을 할 때에도 손쉽게 활용이 가능합니다.

재치와 눈치 추측놀이

#눈치가 필요 #재치도 필요 #잘 찍어보자

준비물 숫자가 포함된 생소한 문제(예-기네스북 기록)
대형 모둠(6~8명)

'재치와 눈치' 게임은 2005년에 도미닉 크라푸셋이라는 사람이 디자인한 파티 게임으로 역사상 가장 많은 상을 받은 게임입니다. 세계 여러 나라에서 백만 개 이상이 판매되어 지금까지도 많은 이들에게 사랑받고 있는 게임이며, 한국에서는 <재치와 눈치>라는 이름으로 2021년에 처음으로 출시되었습니다.

이 놀이는 기본적으로 숫자와 관련된 퀴즈를 내고 모두가 이를 추측하는 퀴즈 게임으로, 문제를 처음 들으면 당황스러울 수 있지만 답을 몰라도 결국엔 모두 새로운 사실 알게 되어 만족하게 되는 흥미로운 놀이입니다. 선생님들이 국어, 수학, 사회, 과학에 이르기까지 수많은 내용들을 혼자 가르치는 만큼 다양한 소재에서 문제를 만들어 낼 수 있습니다. 여기서 포인트는 선생님도 잘 모르는 또는 생각해 보지 않은 데이터에 호기심을 가져보는 것입니다.

예를 들어 6학년 2학기 사회에서는 세계의 여러 나라에 대해서 배우게 되는데 이 중 칠레는 남북의 길이가 약 4300km에 이를 정도로 국토가 긴 나라로 소개가 되고 있습니다. 그럼 이와 관련하여 검색을 통해 문제를 내볼 수 있습니다. 예를 들어 '태평양 연안에 위치한 칠레의 해안선의 길이는 얼마일까요?'와 같은 방법으로 수업 시간에 다룬 내용과 직접 연관되거나 파생된 질문인 '그렇다면 한국에서 가장 긴 다리인 인천대교의 길이는 얼마나 될까요?', '한국에서 가장 크고 오래된 나무의 나이는 몇 살쯤 되었을까요?' 등의 문제를 내고 함께 맞춰보는 것입니다.

이미지 출처: 팝콘게임즈

놀이 효과

평소 생각해 보지 않았던 분야에 대해 새로운 호기심을 가지고 친구들과 함께 상식을 넓혀볼 수 있습니다.

단계별 놀이 방법

1 **선생님은 누구도 쉽게 답을 알 수 없는 문제들을 미리 찾아서 준비합니다. 문제를 내기 막막하다면 대한민국 기네스북 또는 백과사전을 참고하면 좋습니다.**

2 **8명 정도를 기준으로 모둠을 만들어 앉습니다.**

3 선생님이 들려준 문제를 잘 듣고, 정답이라고 생각하는 숫자를 추측하여 각자 포스트잇에 씁니다. 숫자 위에는 자신의 이름을 씁니다. 예를 들어 문제가 "유명한 작가 괴테가 소설 '파우스트' 집필을 마치기까지 몇 년이 걸렸을까요?"라는 문제를 듣고 각자 추측하는 답을 숫자로 적고 위에 자기 이름을 적습니다.

4 숫자의 크기를 비교하여 오름차순이나 내림차순으로 배열을 합니다.

5 그다음에 붙여진 모든 숫자들을 보고 한 사람씩 나와 2개의 숫자 밑에 이름을 적습니다.

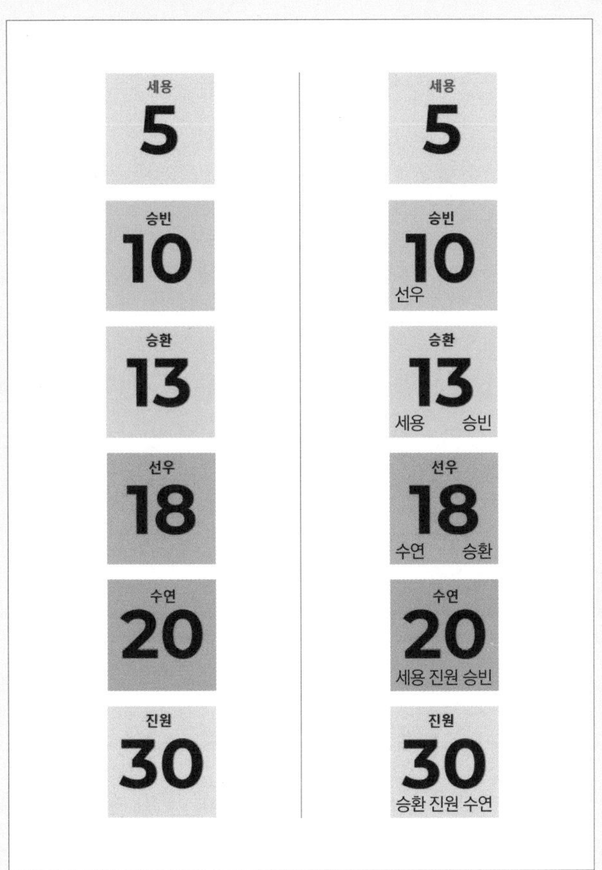

6 모두 완료되면 정답을 공개합니다. 이때 정답에 가장 가까운 숫자를 적어낸 사람은 3점을 얻습니다. 또 이 숫자가 정답임을 추

측하여 숫자 밑에 이름을 적은 다른 사람들도 2점을 얻습니다. 예시 문제에서 괴테는 파우스트를 무려 57년 동안이나 썼다고 합니다. 정답인 57에 가장 가까운 숫자는 30입니다. 얻은 점수는 표와 같습니다.

이름	점수	이름	점수
세용	0점	승빈	0점
선우	0점	승환	2점
수연	2점	진원	3점+2점=5점

7 문제를 바꿔 같은 방법으로 다시 진행합니다. 준비된 문제를 모두 풀고 가장 많은 점수를 얻은 사람이 우승합니다.

놀이 지도 시 주의할 점

1 재치와 눈치는 정답을 몰라도 누구나 맞힐 수 있는 퀴즈놀이입니다. 모두에게 어려운 문제일 수 있으므로 떠오르는 게 없어도, 정답을 몰라도 눈치와 재치만 있으면 누구나 정답을 맞힐 수 있다는 것을 아이들에게 알려주고 시작합니다. 아니면 아이들이 문제를 듣고 모두 당황하고 답을 적기가 어려울 것이기 때문입니다. 예를 들면 '고양이 귀의 근육은 몇 개일까요?', '혈액형별 성격 유형을 믿는 한국인은 몇 퍼센트일까요?'처럼 생전 처음 들어보는 문제들일 확률이 높기 때문

에 모두에게 공평한 조건임을 잘 인지시켜 주시면 좋습니다.

이렇게 놀면 더 재미있어요

1 정답을 잘 예측하는 방법을 함께 공유해 봅니다. 만약 내가 적은 답에 정말 자신이 있다면 내가 쓴 숫자 밑에 내 이름을 2개 더 쓰고 다른 사람이 쓴 숫자가 정답일 것 같다면 다른 사람이 적은 답 중 느낌이 오는 숫자 밑에 자기 이름을 씁니다. 전혀 모르겠다면 정답이 맞기를 빌며 아무 답에나 나눠서 이름을 적어도 좋습니다. 틀려도 괜찮습니다. 애초에 모두가 정답을 모르기 때문입니다.

주사위를 튕겨라

#쳐낼까말까 #흥미진진 #주사위 놀이

준비물 여러 가지 색깔 주사위(개인당 4개씩), 크기가 다른 책 여러 권 또는 포스트잇
대형 모둠(4~6명)

혹시 초등학교 시절에 짝과 재밌게 했던 놀이 중 어떤 놀이가 기억나시나요? 저는 흰색 검은색 바둑돌을 가지고 하던 알까기와 각자 지우개를 가지고 상대방 지우개 위를 덮는 지우개 따먹기가 가장 기억에 남습니다. 모두 책상에 앉아서 할 수 있고, 간단하면서도 짜릿한 대결을 할 수 있어 좋은 놀이입니다.
주사위를 가지고 하는 많은 놀이 중에 이 놀이는 빠르고 스릴 넘치게 즐길 수 있는 놀이입니다. 쉬는 시간 10분 안에도 충분히 즐길 수 있어서 좋고, 무엇보다 아이들의 흥분을 자아내는 튕기기 전략을 사용할 수 있어 더욱 즐거운 놀이입니다. 중간 중간 어떤 위치에 주사위를 보내면 좋을지, 어떤 주사위를 밀어서 이동시키거나 밖으로 쳐내야 할지 신속한 두뇌 회전도 필요하고 곱하기와 더하기 등의 숫자 계산도 필요해 순발력도 필요합니다.
원래는 원목으로 만든 4단의 멋진 놀이판을 결합하여 그 위에서 진행하는 놀이지만, 교실에서 구비해 두고 하기엔 다소 비싼 편이라 모둠별로 모두 준비하기 어렵습니다. 대신 교실에 있는 다양한 크기의 책을 이용해 책으로 경기장을 만들어서 재밌게 놀이해 볼 수 있습니다. 또는 크기가 다른 종이를 연결하여 평면으로 놀이판을 만들어서 더 쉽게 해볼 수 있습니다.

놀이 효과

알까기 유형의 놀이로 집중력 및 소근육 발달에 도움이 됩니다. 출발점에 주사위를 놓고 원하는 목표 지점에 보내기 위해 힘 조절도 잘해야 하고, 다른 주사위를 맞히기 위해서는 고도의 집중력도 필요하기 때문입니다. 위험을 감수하고 높은 지점에 주사위를 착지시킬 수 있을지 아니면 낮은 점수라도 안전한 곳으로 보낼지 빠르게 선택해야 하므로 판단력도 기를 수 있습니다. 그리고 무엇보다 높은 점수를 얻기 위한 곱셈과 덧셈 연산 능력도 키울 수 있습니다.

단계별 놀이 방법

1 크기 차이가 나는 책 5권과 아래 받침이 되어 지탱해 줄 책 1권 총 6권의 책을 준비합니다. (책이 없을 경우 포스트잇으로 대체)

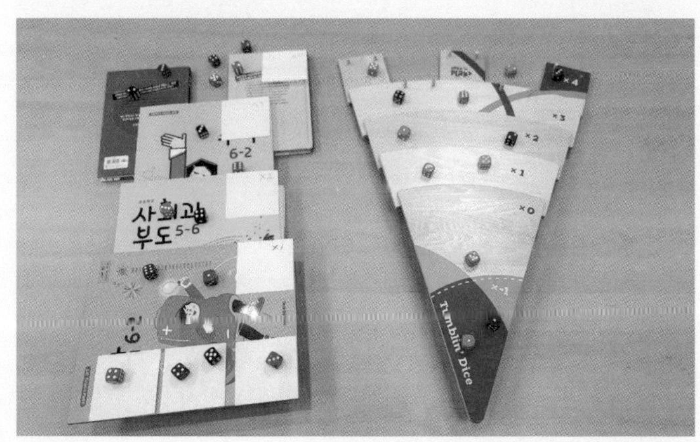

2 자신이 원하는 색을 골라 같은 색 주사위를 한 사람당 4개씩 가져옵니다.

3 가위 바위 보로 놀이 순서를 정합니다. 뒤에 플레이를 하는 사람이 유리하므로 가위-바위-보에서 진 순서대로 차례를 정합니다.

4 한 명씩 나와 출발 지점에 주사위를 놓고, 손가락을 이용하여 주사위를 튕깁니다.

5 참여자는 주사위를 튕겨 높은 점수 칸에 자신의 주사위를 올려놓거나, 다른 참여자의 주사위를 쳐낼 수 있습니다.

6 순서대로 돌아가며 같은 과정을 반복하고, 총 4개씩의 주사위를 사용합니다.

7 모든 주사위를 사용하면 게임이 끝나고, 점수를 계산하게 되는데 해당 칸 점수 × 자신의 주사위 점수의 합을 구합니다.

예)"×"3 구역에 위치한 주사위 4의 점수는 12점입니다.
"×"2구역에 위치한 주사위 5의 점수는 10점입니다.
게임판 밖으로 나가거나 떨어진 주사위는 0점입니다.

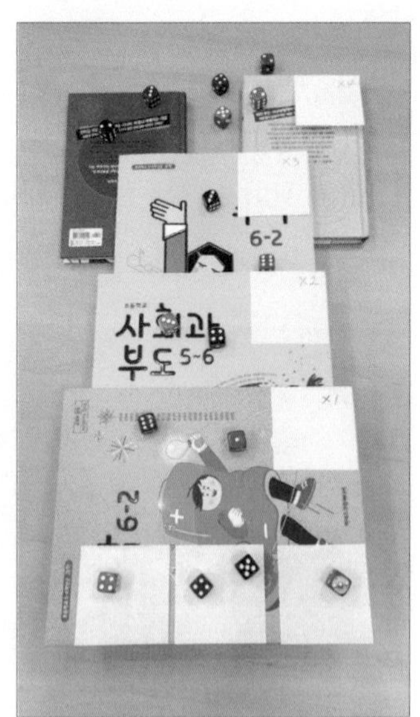

8 점수가 많은 순서대로 순위가 정해지며, 1위부터 다음 판 첫 순서가 되어 다시 놀이를 시작합니다.

놀이 지도 시 주의할 점

1 처음에는 어떤 강도로 주사위를 쳐야 할지 감을 잡기가 힘듭니다. 그러므로 돌아가며 출발점 위에 주사위를 올려두고 여러 번 쳐보는 연습시간을 충분히 주어야 합니다.

2 놀이의 목적은 가장 높은 점수를 얻는 것입니다. 다른 친구들의 주사위를 쳐 내는 것에만 목표를 두고 플레이를 해서 정작 본인 점수를 잘 얻지 못하는 일이 없도록 어떻게 하면 높은 점수를 얻을 수 있을지 친구들과 미리 얘기해 봅니다.

3 너무 몰입하여 다른 친구들을 놀리거나 내 주사위가 밖으로 나가게 되었다고 친구들에게 화를 내는 일이 없도록 미리 충분한 주의를 주고 시작합니다.

이렇게 놀면 더 재미있어요

1 짧게 플레이를 할 때는 4개의 주사위를 모두 사용하는 4라운드까지만 놀이를 하고 종료를 할 수 있습니다. 긴 시간이 주어져 여유가 있다면 100점 또는 200점의 목표 점수를 정해두고 한 명 이상의 참여자가 목표 점수에 도달하면 해당 참여자가 우승하고 게임을 종료하는 방식으로 진행을 해도 좋습니다.

2 2명씩 같은 팀이 되어 동맹을 맺고 놀이를 하면 더 재밌습니다. 이때에는 팀별로 번갈아가며 한 명씩 플레이를 해야 합니다. 놀이 방법은 원래와 같고 최종 4라운드를 마친 후 2명씩 같은 팀의 점수를 더하여 두 팀 중 더 많은 점수를 얻은 팀이 승리합니다. 협동하여 상대팀을 잘 견제하는 것이 승패에 중요한 요인이 됩니다.

04

아이들의 마음을 연결하는 수업 놀이

오진원

내 물건을 찾아줘

#내가 가진 물건으로, #진진가놀이, #진실을 찾아라!

준비물 내 물건 1개, 친구의 물건 또는 교실에 있는 물건 1개
대형 전체, 모둠

3월의 첫날, 학생들이 처음 만났을 때 교실에는 긴장감이 맴돕니다. '우리 반 친구들은 누구일까? 무엇을 좋아할까? 나는 올해 친구들과 잘 지낼 수 있을까?' 수많은 물음을 뒤로한 채 자리에 앉아 조용히 선생님이 나눠준 자기소개 활동지만 꾹꾹 눌러써야 한다면 어떨까요. 올해는 아이들과 자기소개 활동지를 벗어나 첫날 자기소개를 조금 더 쉽고 재미있게 할 수 있는 방법을 소개합니다.

놀이 효과

'내 물건을 찾아줘' 게임은 각자 가지고 있는 물건에 담긴 추억을 소개하며 서로의 모습에 대해서 알아보는 놀이입니다. 친구들 앞에서 발표를 더 자신 있게 하는 법, 친구의 발표를 경청하는 법을 자연스럽게 습득할 수 있습니다. 놀이를 통해 서로를 알아가니 아이들 마음속에 있는 긴장감을 좀 더 빠르게 녹여줄 수 있습니다.

단계별 놀이 방법

이 놀이의 묘미는 내 물건에 얽힌 이야기를 전달하고, 다른 사람의 물건을 내 물건처럼 상상으로 이야기를 꾸며 전달하는 데 있습니다. 미리 선생님의 물건을 예시로 물건을 언제, 왜 샀는지, 특별한 추억이 있는지, 이 물건을 왜 소개하는지 등을 넣어 자세히 설명해주면 좋습니다.

1 학생들은 내 물건 1개, 내 물건이 아닌 것 1개를 가져옵니다.
(내 물건이 아닌 것을 가져올 때는 물건 주인에게 빌려도 되는지 확실히 물어보고 동의를 구할 수 있도록 안내해주세요.)

2 학생 한 명이 물건을 소개합니다. 물건을 소개할 때에는 모두 다 내 물건인 것처럼 가져온 물건에 담긴 이야기와 추억을 자세히 설명합니다.

1학년 때 아빠가 사주신 색연필세트야
4년 째 쓰고있고, 학교에서 주로 사용해

아침마다 이 물컵으로 물을 마셔. 가끔 동생이 쓸 때가 있는데
그럴 때 기분이 나빠 내 물건이라 남들이 손대지 않았으면 좋겠어.

지난 겨울 눈사람을 만들 때 사용한 장갑이야.
빨리 눈이 펑펑 와서 다시 이 장갑을 끼고 놀았으면 좋겠어.

3 소개를 들은 학생들은 친구의 표정과 이야기에 집중하며 설명한 두 가지 물건 중 어느 것이 발표한 친구의 물건인지 찾아봅니다.

4 선생님의 '하나 둘 셋!' 구호에 맞춰 내가 생각한 진짜 친구의 물건이 몇 번째로 소개한 물건인지 손가락 1개 또는 2개를 펴서 표현합니다.

5 설명한 친구는 정답을 말합니다. 이어서 다음 친구가 같은 방식으로 발표를 합니다.

6 놀이가 끝난 후 친구에게 빌린 물건과 교실에 있던 물건을 제자리에 돌려놓습니다.

놀이 지도 시 주의할 점

1 발표하기 규칙을 미리 안내합니다. 이 놀이는 학기 초 자기소개 활동이나 발표하기, 발표 듣기 규칙을 익히는 놀이로 활용할 수 있습니다. 놀이에 들어가기 전 발표하기와 발표 듣기 규칙을 설명하고 학생들에게 구체적인 신체부위가 어떤 행동을 해야 하는지 설명하면 더욱 이해하기 쉽습니다.

- 다른 친구들이 잘 들을 수 있게 적당한 크기의 목소리로 또박또박 이야기합니다.
- 내 이야기를 듣고 있는 친구들을 바라보며 이야기합니다.
- 발표하는 친구의 말에 귀를 기울입니다.

- 발표하는 친구를 보며 발표를 듣습니다.
- 발표하는 친구가 발표를 할 때는 말을 하지 않고 기다립니다.
- 친구의 발표가 끝냈을 때 나의 의견을 말합니다.
- 중요한 내용은 적으면서 듣습니다.

2 친구에게 물건을 빌려준 주인이 정답을 맞히지 않도록 약속해주세요. 놀이를 하다보면 친구가 나의 물건을 가져가서 자신의 것처럼 소개를 하게 됩니다. 이때, "내 물건이 나온 경우, 정답을 맞히지 않기"라는 규칙을 정하면 조금 더 많은 친구들에게 기회를 줄 수 있습니다. "물건을 빌리는 순간 '둘만의 비밀'이 생깁니다. 친구와의 비밀을 끝까지 잘 지켜봅시다."라고 말씀해주시면, 학생들은 친구가 발표할 때 몰래 비밀을 지키는 재미까지 느낄 수 있습니다. 발표자가 자신의 물건이 무엇인지 발표한 다음 "그럼 이 물건은 누구의 물건일까요?"라고 물어보며 진짜 물건의 주인을 찾아 돌려주는 놀이를 할 수 있습니다.

3 정답을 맞히는 학생들에게 발표를 하는 친구의 표정, 친구가 들고 나온 물건을 잘 관찰하라고 지도해 주세요. 거짓말을 할 때 친구의 눈동자가 흔들릴 수도 있고, 입꼬리가 올라가기도 합니다. 친구의 얼굴을 자세히 관찰하며 집중한다면 친구에 대해 알게 되는 정보가 많아지고, 친밀감을 느낄 수 있습니다. 놀이를 하며 친구 얼굴의 특징을 관찰했으니 "친구 얼굴 그리기" 활동을 이어서 해볼 수 있습니다.

이렇게 놀면 더 재미있어요

1 놀이 후 친구가 소개했던 진짜 친구의 물건이 무엇이었는지 다시 기억해보는 놀이를 하면 좋습니다. 미리 놀이를 하기 전 후속 놀이를 예고해 주면 학생들이 친구의 발표를 들으며 친구의 물건을 기억하기 위해 필기를 하는 놀라운 경험을 하실 수 있습니다.

2 영화 〈토이스토리〉에 나오는 장난감들은 자유의지를 갖고 다른 장난감들과 상호작용하지만 주인이 돌아오면 생명이 없는 척 연기를 합니다. 모둠별로 친구들에게 소개했던 물건을 모아놓고 물건들끼리 만나서 주인을 소개하는 이야기를 해보아도 좋습니다.

예를 들어 "안녕, 나는 색연필이야. 내가 처음 주인을 만난 건 초등학교 1학년 때였어. 주인과 나는 여전히 그림을 그리며 많은 추억을 쌓고 있어!"라고 말입니다.

3 고학년 학생들은 이야기를 만들어 발표하는 물건을 세 개로 늘려도 좋습니다. 진짜 내 물건 1개, 다른 사람의 물건 2개를 가져오는 것이지요. 충분한 시간이 있다면 다른 사람의 물건을 가져올 때, 물건의 주인에게서 직접 그 물건과 관련된 실제 이야기를 물어보게 해도 좋습니다. 새로운 이야기를 만들어야하는 부담감도 줄어들고, 낯선 친구와 물건을 매개로 말해 볼 수 있는 기회를 줄 수 있습니다.

4 '내 물건을 찾아줘' 게임은 실시간 온라인 쌍방향 수업에서도 가능합니다. 집에서는 내 물건 한 개, 내 물건이 아닌 가족의 물건 한 개를 가져와서 모두 내 것인 것처럼 설명합니다. 가져올 물건으로 옷 종류가 아닌 다른 것을 가져오도록 안내하면 더욱 다양한 물건에 대한 이야기를 들어볼 수 있습니다.

나의 예상, 너의 선택! 텔레파시 게임

#친구의 취향 알아보기, #귀 기울이기, #모둠 토의에 익숙해지기

준비물 활동지
대형 전체, 모둠

모둠 활동을 하다 보면 학생들 사이에 갈등이 생길 때가 있습니다. 갈등은 아이들이 사회성을 기르기 위해 꼭 필요한 과정입니다. 싸움이 아닌 갈등을 해결하기 위해서는 상대방의 말을 진심으로 경청하는 태도와 다양성을 수용할 수 있는 마음이 필요합니다. 이때 사용하면 좋을 간단한 조사와 인터뷰 놀이를 통해 서로의 다름에 대해 알아볼 수 있는 기회를 마련했습니다.

놀이 효과

짜장면 또는 짬뽕, 여름 또는 겨울 내 친구는 과연 어떤 선택을 할까요? 출석번호 앞 번호 또는 뒷 번호 친구, 모둠 친구, 또는 옆자리에 앉은 짝 등 다양한 친구를 떠올리며 그 친구가 할 선택을 미리 예상해보고 실제 그 친구의 선택과 비교해 보는 게임입니다. 내 예상이 100% 맞지 않음을 직접 확인하며 우리는 '편견'이나 '미리 넘겨짚어 생각하기'로부터 벗어나야 함을 깨닫습니다. 모두 내 마음과 같지 않다는 것을 깨닫고, 서로의 다양성을 존중할 수 있는 마음을 키울 수 있습니다. 몰랐던 서로의 모습에 한 발짝 더 다가서 볼까요?

단계별 놀이 방법

이 놀이는 선호하는 음식부터 수업 활동까지 쉬운 선택에서 점점 생각을 요구하는 선택지로 생각의 수준이 올라가도록 구성합니다. 인터뷰할 짝은 나의 출석 번호 앞이나 뒤 번호, 모둠의 친구 또는 옆에 앉아있는 짝 등 다양하게 정할 수 있습니다. 반의 인원이 홀수라면 3명이 서로를 인터뷰 할 수 있게 해주세요.

1 **인터뷰 할 짝을 정합니다.**
2 **서로를 1분간 바라보며 텔레파시를 주고받습니다.**
3 **친구를 생각하며 친구가 고를 것 같은 선택지에 색칠합니다.**
4 **색칠이 끝났으면 친구에게 구호에 맞춰 선택지를 물어봅니다.**
"짜장면 대 짬뽕 하나, 둘, 셋!"

5 내 예상이 맞았으면 선택지의 오른쪽 칸에 ○를, 틀렸으면 ×를 적습니다.

6 질문이 끝난 후, 나는 몇 개를 맞췄는지 아래에 적습니다.

놀이 지도 시 주의할 점

1 이 놀이는 친구의 답변을 예상하면서 상대방을 더 자세하게 알아보는 놀이임을 알려주세요. 높은 점수를 얻는 것보다 '나의 예상'에 집중하고 친구가 보내는 텔레파시를 잘 알아차리자고 이야기 해주면 학생들이 경쟁심에서 벗어나 조금 더 편안하게 서로의 눈을 바라보며 서로를 관찰할 것입니다. 예상이 벗어났을 때 '친구를 비난하지 않기'를 강조해주세요.

2 말없이 서로를 바라보면 자꾸 웃음이 나옵니다. 정숙한 분위기보

다 웃음이 가득한 교실에서 훨씬 부드럽게 놀이를 진행할 수 있습니다. 다만, 주어진 1분은 "말 없이, 신체 접촉 없이 친구의 텔레파시를 온전히 느껴보는 1분"이라고 안내해 주세요.

3 두 가지 선택지 모두 마음에 들 수도 있고, 모두 마음에 들지 않을 수도 있음을 알려주세요. 하지만 이 놀이에서는 지금 이 순간에 집중하여 두 선택지 중 지금 당장 조금 더 마음에 와 닿는 선택지를 고르라고 말씀해주시면 좋습니다.

이렇게 놀면 더 재미있어요

1 공감을 이끌어내는 대화 기법 중 하나로 '거울기법(Mirroring)'이 있습니다. 상대방이 했던 말이나 행동을 그대로 다시 따라 해보는 것입니다. 놀이 후 친구에게 "네가 짬뽕과 짜장면 중에 선택한 것은 짜장면이었어. 네가 피자와 햄버거 중에 선택한 것은 햄버거였어."와 같이 그 친구가 선택했던 것을 다시 한 번 읽어주세요. 나의 판단 없이 친구가 말하는 것을 잘 들었다고 알려주는 것만으로도 아이들은 안정감을 얻게 되고 공감 받았다고 느낄 것입니다.

2 학생들이 빈 활동지에 선택 사항을 직접 만들어 볼 수 있습니다. 다음과 같은 주제를 알려준 뒤 모둠 토의를 통해서 활동지에 선택사항을 적게 합니다.

과일, 음식, 동물, 운동, 과목, 에니메이션, 영화, 연예인, 노래, 계절 등

3 모둠별로 하나의 선택지를 몇 명이 선택하는가 맞혀보는 제로 게임을 할 수 있습니다.

① 모둠에서 가위 바위 보를 통해 술래를 정합니다.
② 술래는 "짜장면, 짬뽕 중에 짜장면! 하나 둘 셋!"이라고 외치면서 짜장면과 짬뽕 중 짜장면을 좋아할 것 같은 친구의 수를 예측하고 손가락을 펼칩니다.
③ 술래를 제외한 나머지 친구들은 술래가 선택한 선택지를 좋아한다면 두 손을 번쩍 들고, 아니라면 두 손을 책상 밑으로 내립니다.
④ 정해진 시간 동안 가장 많이 예측에 성공한 친구를 찾아 축하해 줍니다.

4 친구에게 질문한 것을 바탕으로 나와 친구를 소개하는 글쓰기를 해볼 수 있습니다. "나는 짜장면과 짬뽕 중에 짜장면을 더 좋아합니다. ○○이도 짜장면을 더 좋아합니다. 우리는 짜장면, 햄버거, 책, 수학을 더 좋아한다는 공통점이 있지만 서로 다른 점도 있습니다" 같이 서로의 공통점과 다른 점을 글로 써보면 서로의 다양성에 대해 조금 더 깊이 생각해 볼 수 있습니다.

〈나의 예상, 너의 선택! 텔레파시 놀이〉

초등학교 학년 반 이름:

내가 예상해 볼 친구의 이름은 ( )입니다.

번호	친구의 선택을 예상해보세요. 친구가 선택할 것 같은 선택지에 색칠해주세요.		내 예상이 친구의 선택과 맞으면 ○, 틀리면 ×를 적어주세요.
1	짜장면	짬뽕	
2	피자	햄버거	
3	국어	수학	
4	사진 찍기	동영상 찍기	
5	누워있기	앉아있기	
6	여름	겨울	
7	그림그리기	글쓰기	
8	노래 부르기	노래 듣기	
9	새로운 음식 도전하기	맛있는 음식 다시 먹기	
10	퀴즈 풀어보기	퀴즈 만들기	
11	식물 관찰하기	식물로 요리 만들기	
12	앉아서 심호흡하기	운동장에서 뛰어다니기	
내 예상은 몇 개 맞았나요? ○ 개수를 세어 오른쪽 칸에 적어보세요.			개

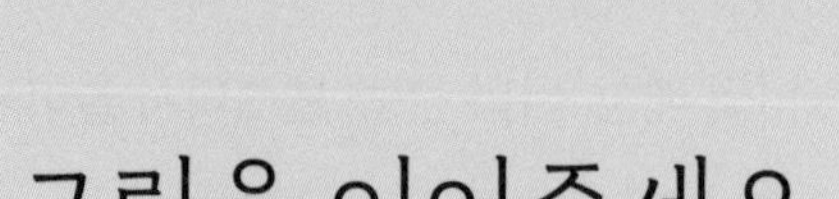

그림을 이어주세요

그림카드, #연상놀이, #단어, 문장, 속담 만들기!

준비물 '그림을 이어주세요' 카드 또는 어떤 종류의 이미지 카드
대형 모둠

가끔 교실에서 뛰어난 상상력을 지닌 학생들을 만나곤 합니다. 이 아이들은 하나의 단어를 들으면 확산적인 사고를 끊임없이 펼쳐가며 새로운 질문으로 세상을 바라봅니다. 조금 더 많은 학생들이 재미있는 상상을 해보면 어떨까 고민하던 중 '브레인 스톰'이라는 보드게임을 만났습니다. 그럼 '브레인 스톰'의 규칙을 응용한 '그림을 이어주세요' 놀이를 소개합니다.

놀이 효과

그림 카드 중 2장을 연결해서 연결점을 만듭니다. 여기서 연결점이란 그림 2개를 보고 연결하여 만들 수 있는 문장, 속담, 비유, 영화 제목, 의성어 등 두 그림을 활용한 말입니다. 책상 위에 펼쳐진 9개의 그림을 한 번에 눈으로 확인하는 순간부터 학생들은 연결점을 찾기 위해 창의력을 발휘하기 시작합니다. 그동안 보고 들으며 배웠던 모든 문장을 조합하여 마침내 연결점을 찾았을 때, 아이들은 자신감을 찾을 수 있습니다. 또 기쁜 마음으로 친구들에게 자신이 찾은 연결점을 말

하며 나의 생각을 공유하는 자기 표현력도 향상됩니다.

단계별 놀이 방법

먼저 연결점의 예시를 보여드리겠습니다.

'그림을 이어주세요'
활동지 다운로드 QR

놀이를 하기 위해서 '그림을 이어주세요' 카드 이미지를 다운받아 모둠별 카드 세트를 만들어주세요. 시중에 나와 있는 여러 이미지 카드를 활용하거나 교과서 부록 카드를 활용할 수도 있습니다. 모둠에서 한 명씩 자신의 차례가 왔을 때 30초 안에 연결점을 만들고 자신이 연결점을 만들 때 사용한 카드를 가져갑니다.

1 가위 바위 보를 통해 모둠에서 제일 먼저 연결점을 만들 친구부터 마지막으로 연결점을 만들 친구까지 순서를 정합니다.

2 이미지 카드의 뒷면이 보이게 놓고 잘 섞어 카드 더미를 만듭니다.

3 카드 더미에서 9개의 카드를 뽑아 카드의 앞면이 잘 보이게 모둠 책상의 가운데 놓습니다. 카드를 뽑을 때에는 맨 위에 있는 카드부터 뽑도록 합니다.

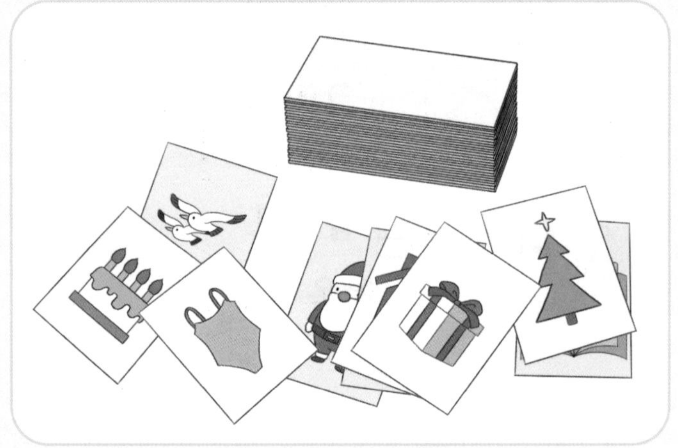

4 본인의 순서가 돌아 왔을 때, 30초 안에 연결점을 만들어 외칩니다. 단, 30초 안에 연결점 만들기를 실패하면 다음 사람에게 차례가 넘어갑니다.

5 이 때 사용한 카드를 가져가고 가져간 카드의 수만큼 새로운 카드를 카드 더미에서 뽑아 책상 위에 올려놓습니다. 책상 위에 펼쳐진 카드의 수는 항상 9개를 유지합니다.

6 더 이상 카드 더미에 카드가 없을 때까지 놀이를 진행합니다.

7 놀이가 끝났을 때, 카드를 가장 많이 가지고 있는 친구를 찾아 축하해줍니다.

놀이 지도 시 주의할 점

1 학생들의 수준에 따라 짧은 시간 또는 긴 시간이 필요할 수 있습니다. 특히 처음 이 놀이를 접하는 학생들이나 저학년 학생들의 경우 연결점을 만드는 데 30초보다 1분의 시간이 적절할 수 있습니다. 이 놀이의 목적은 짧은 시간 내에 경쟁적으로 연결점을 만드는 것이 아니라 생각의 크기를 키우는 데 있다는 것을 알려주세요.

2 이야기를 만드는 데 필요한 시간을 체크하기 위해 작은 모래시계를 사용할 수 있습니다. 이때, 모래시계는 모둠별로 2개를 준비합니다. 만약 모둠별로 한 개씩만 준비한다면, 한 학생이 발표가 끝나더라도 다음 차례의 학생은 모래시계가 마저 떨어질 때까지 기다려야 합니다. 만약 2개씩 준비가 가능하다면 새로운 모래시계를 사용하여 기다릴 필요 없이 박진감 넘치는 놀이를 즐길 수 있습니다.

3 내 차례가 올 때까지 카드를 보며 미리 연결점을 만드는 연습을 하면 좋습니다. 이 놀이를 더 재미있게 하기 위해서는 공개된 카드를 보며 속으로 생각한 내 연결점과 상대방이 실제로 말한 연결점을 비교해 보고, 다른 친구의 말에 더 집중해 보는 것입니다.

이렇게 놀면 더 재미있어요

1 한 번에 가져갈 수 있는 카드의 수를 늘립니다. 한 번에 최대 2개의 이미지 카드를 활용하여 연결점을 만드는 데 익숙해졌다면, 한 번에 최대 4개의 이미지 카드를 활용하여 연결점을 만들어 보게 규칙을 추가할 수 있습니다. 학생들은 더 다양하고 창의적인 이야기를 만들고 확산적인 대화를 나눌 것입니다.

2 이어지는 이야기를 만들어 보세요. 이야기의 구성요소는 인물, 사건, 배경입니다. 인물은 인물의 외향적 특징과 성격으로, 배경은 시간적 배경과 공간적 배경으로 나누어 생각할 수 있습니다. 학생들에게 펼쳐져 있는 카드를 뽑아 짧은 이야기 만들기에 도전해보라고 지도해 주세요. 저는 학생들에게 이야기를 만들 때에는 되도록 "주인공을 죽이지 말아달라"고 부탁합니다. 주인공이 살아있다면 훨씬 더 풍부한 이야기를 만들 수 있기 때문입니다.

이야기를 만들기 전에 위 내용을 정리해서 판서나 화면을 통해 보여준다면 학생들이 조금 더 쉽게 이야기를 만들 수 있습니다.

인물	이름	루피, 쥬쥬, 기영, 도일, 미카엘…
	성격	착하다, 까칠하다, 소심하다, 화가 많다…
배경	시간	옛날, 어제, 오늘, 10년 후 어느 날…
	공간	학교, 집, 병원, 우주, 마법 학교
사건	발단	등장 인물과 배경을 설명
	전개	무언가 일이 일어남
	절정	듣는 사람이 "헉! 어떻게 하지?!"라는 생각이 들 만큼 긴장감이 넘침
	결말	이야기의 마무리

저는 국어 시간, 이야기의 구조를 파악하는 단원을 가르치기 전 후에 꼭 '그림을 이어주세요' 놀이를 해보고 스스로 이야기를 만들어보게 합니다. 한 번 이야기를 만들어 본 학생은 이야기 구조에 대한 이해도 빠르고 더 즐겁게 활동할 수 있습니다.

무게를 비교해 주세요

#다함께 추리하기, #최소한의 질문으로, #무게 순서대로 맞히기

준비물 공 4개, (공의 무게 및 순서를 적어 놓는) 종이쪽지, 추리할 수 있는 종이
대형 전체, 모둠

마피아 게임은 서로를 속고 속이는 가운데 범인이 누구인지 추리해내는 놀이입니다. 친구들과 함께 협력하여 범인이 누군지 맞추었을 때 짜릿한 성취감은 이루 말할 수 없습니다. '무게를 비교해 주세요' 놀이는 마피아 게임보다 간단하며, 서로 속이지 않고 진실만을 말하지만 함께 추리하는 재미가 있는 놀이입니다.

놀이 효과

이 놀이는 수학적 추론력을 향상시킬 수 있는 놀이입니다. 술래가 적어놓은 4개의 공을 무거운 공부터 가벼운 공까지 무거운 순, 혹은 가벼운 순서로 맞추는 놀이입니다.

한 번 질문할 때 두 개의 공을 선택하여 어느 공이 더 무거운지 알아낼 수 있으며, 알아낸 여러 사실들을 조합하여 논리적으로 추론을 합니다. 최소한의 질문 횟수로 공의 무게와 순서를 맞춰야하기 때문에 질문하기 전 미리 생각해 보는 능력을 기를 수 있습니다.

단계별 놀이 방법

1 먼저 학생들끼리 서로 문제를 내고 맞히는 연습을 하기 전, 선생님이 술래가 되어 전체 학생들과 시범을 보여주시는 것을 추천합니다.

2 선생님(술래)은 쪽지에 1, 2, 3, 4번 공의 무게 순서를 미리 적어둡니다.

3 1번 학생부터 한 명씩 선생님(술래)에게 두 공의 무게를 비교하는 질문을 합니다.

예) 1번과 2번 무게 비교해 주세요.

4 선생님(술래)는 미리 적어둔 쪽지를 보며 학생들이 묻는 말에 "진실"만 답합니다.

예) 1번이 2번보다 무겁습니다.

5 다음 번호의 학생이 이어서 두 공의 무게를 비교하는 질문을 합니다.

6 선생님의 답변을 받아 적은 학생들은 질문 사이사이 전체 회의를 통해 다음 질문 또는 추리한 공의 무게 순서를 공유할 수 있습니다.

7 회의를 통해 무거운 공부터 가벼운 공의 순서를 알아냈다면 바로 '정답!'을 외치고 무거운 공부터 순서대로 공의 번호를 부릅니다. 만약 오답을 말했다면 그 오답도 질문한 횟수로 셉니다.

놀이 지도 시 주의할 점

1 학생들이 술래에게 질문할 때는 정해진 순서대로 차례대로 질문을 합니다. 1번 다음에 2번, 2번 다음에 3번이 차례대로 질문하고 정답을 맞힐 때에도 제일 먼저 추리한 학생이 아니라 그다음 순서로 질문할 학생이 '정답!'을 외칠 수 있도록 해주세요.

2 이 놀이의 목표는 서로 들은 내용, 추론한 내용을 공유하여 최소한의 질문 횟수로 정답을 맞히는 것입니다. 학생들끼리 활발한 정보 공유를 할 수 있도록 허용적인 분위기를 마련해주세요.

모두가 함께하는 놀이기 때문에 평소 자기 생각을 다른 친구들 앞에서 보이는 것에 소극적이었던 아이들도 다른 친구들이 부탁한 질문의 내용 또는 추리 결과를 대신 선생님(술래)에게 부담 없이 전달하고 참여할 수 있습니다. 또한 누구든 내 차례에 추리 결과를 발표하여 반에서 정답을 맞힌 영웅이 될 수도 있습니다.

3 모둠별로 문제를 내고 맞히는 놀이를 할 때, 가끔 문제를 내는 친구가 실수로 무게 비교를 잘못해서 풀 수 없는 문제가 되어버릴 때가 있습니다. 잘못을 하면 감점을 한다는 규칙을 만들면 자칫 문제를 내는 학생이 크게 긴장을 하게 되어 실수를 반복할 수 있습니다. 미리 학생들에게 친구가 실수하더라도 비난하지 않고 함께 웃으며 더 큰 재미를 찾아가자고 말해주세요.

이렇게 놀면 더 재미있어요

1 공의 개수를 5개로 늘릴 수 있습니다. 6개까지 늘리면 초등학생 수준에서 너무 지루한 놀이가 됩니다. 공 4개의 순서를 묻고 답하는 데 익숙해졌다면 5개의 무게 순서를 묻고 맞혀볼 수 있도록 안내해보세요.

2 저울을 활용하여 직접 주변에 있는 물건의 무게를 측정하고 어림하며 수학 놀이를 할 수 있습니다. 수학에서는 측정 경험을 통해 무게와 들이에 대한 감각을 익히는 것을 중요하게 여깁니다. 놀이 활동을 하기 전 주변의 물건의 무게를 어림하고, 전자저울을 활용하며 측정 감각을 익힙니다. 이후 양팔 저울을 활용하여 실제 놀이로 연결할 수 있습니다.

3 소고기, 돼지고기, 양고기, 가금류 중 식품 1Kg당 가장 온실가스 배출량이 많은 것부터 순서대로 놓는다면, 그 순서는 어떻게 될까요? 정답은 '소고기-양고기-돼지고기-가금류'입니다. 다른 예로 미국의 오렌지, 중국의 당근, 호주의 소고기, 노르웨이의 연어 중 가장 멀리서 오는 것부터 가까이 오는 것까지 순서대로 놓는다면 그 순서는 어떻게 될까요? 정답은 '미국 오렌지-호주 소고기-노르웨이 연어-중국 당근' 순입니다.

이처럼 환경과 관련된 내용, 역사에서 오래된 순서대로 놓기 등 다양한 활동으로 확장하여 학생들이 본 수업에 더욱 집중할 수 있도록 생각의 길을 열어줄 수 있습니다.

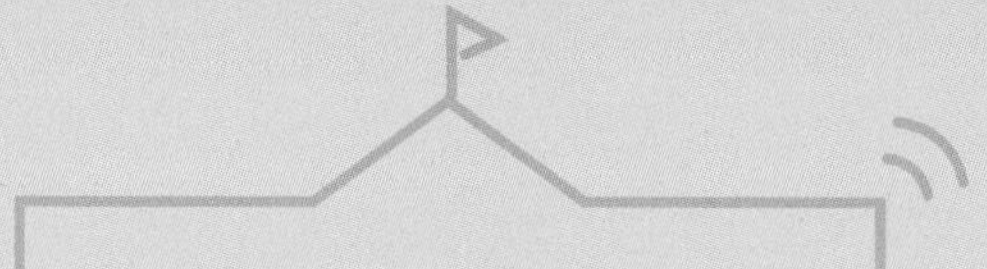

마음 처방전 놀이

#마음이 어지러울 땐 #마음 약국의 주인이 되어 #말, 행동, 마음을 처방해요

준비물	마음 챙김 처방전 활동지
대형	전체, 모둠

유치원에서 하는 병원 놀이는 아이들이 가장 몰입하는 놀이 중 하나입니다. 흰색 가운을 입고 아픈 사람을 진찰하고 도와주는 의사가 되어 보는 것입니다. 병원 놀이를 통해 동전 초콜릿으로 약 처방도 하고 끝이 뭉툭한 주사기로 주사도 놓습니다. 마음이 아프거나 혼란스러울 때 병원에서 도움을 받을 수 있다는 것을 알 수 있는 기회이기도 합니다.

놀이 효과

아이들도 화가 나고 슬픈 감정이 들 때가 있습니다. 이런 감정을 어떻게 회복하여 씩씩하게 삶을 살아갈 수 있는지 '마음 처방전 놀이'를 통해 조금 더 알아볼 수 있습니다.

먼저 내가 나에게 마음 처방전을 쓰며 내 감정의 주인이 되는 법을 알아봅니다. 그리고 역할극을 통해 친구에게 마음처방전을 나누어 주면서 '나도 마음이 어지러울 때 누군가에게 도움을 받을 수 있다는 것'을 배울 수 있습니다.

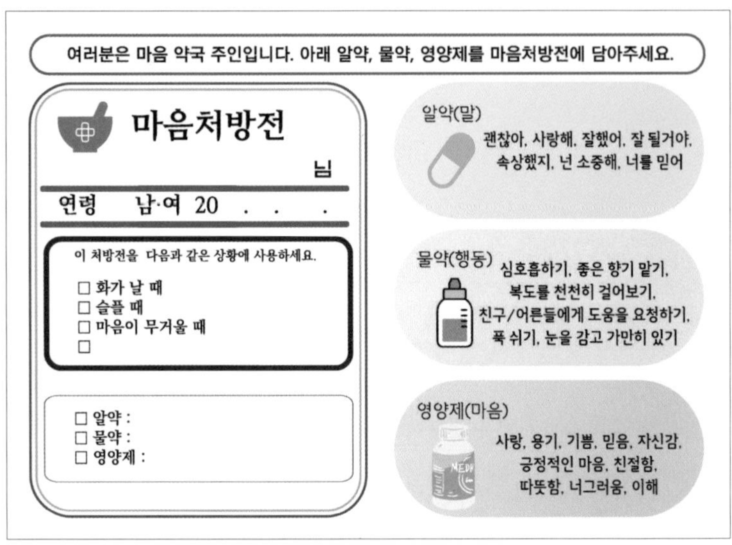
여러분은 마음 약국 주인입니다. 아래 알약, 물약, 영양제를 마음처방전에 담아주세요.
마음처방전
님
연령 남·여 20 . . .
이 처방전을 다음과 같은 상황에 사용하세요.
□ 화가 날 때
□ 슬플 때
□ 마음이 무거울 때
□
□ 알약 :
□ 물약 :
□ 영양제 :
알약(말)
괜찮아, 사랑해, 잘했어, 잘 될거야,
속상했지, 넌 소중해, 너를 믿어
물약(행동)
심호흡하기, 좋은 향기 맡기,
복도를 천천히 걸어보기,
친구/어른들에게 도움을 요청하기,
푹 쉬기, 눈을 감고 가만히 있기
영양제(마음)
사랑, 용기, 기쁨, 믿음, 자신감,
긍정적인 마음, 친절함,
따뜻함, 너그러움, 이해

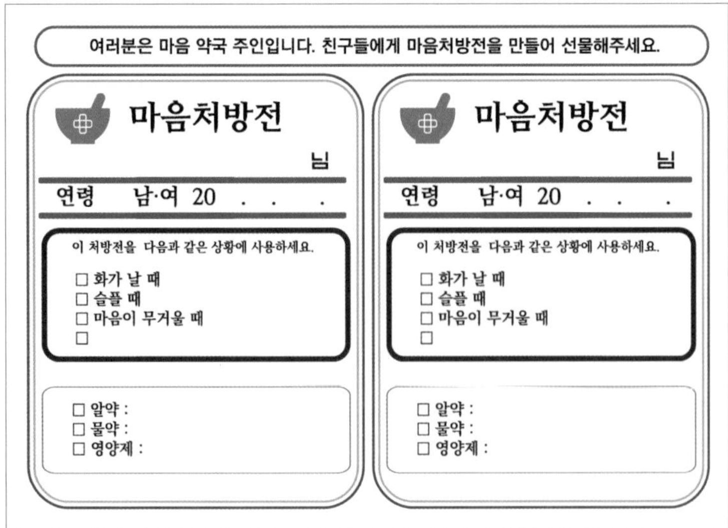
여러분은 마음 약국 주인입니다. 친구들에게 마음처방전을 만들어 선물해주세요.
마음처방전
님
연령 남·여 20 . . .
이 처방전을 다음과 같은 상황에 사용하세요.
□ 화가 날 때
□ 슬플 때
□ 마음이 무거울 때
□
□ 알약 :
□ 물약 :
□ 영양제 :
마음처방전
님
연령 남·여 20 . . .
이 처방전을 다음과 같은 상황에 사용하세요.
□ 화가 날 때
□ 슬플 때
□ 마음이 무거울 때
□
□ 알약 :
□ 물약 :
□ 영양제 :

단계별 놀이 방법

1 이 놀이는 스스로에게 마음 처방전을 주면서 시작합니다.

2 마음 처방전에 나의 이름을 적고, 성별과 나이, 처방일을 적습니다.

3 이 처방전을 사용할 상황을 체크합니다. 화가 날 때, 슬플 때, 마음이 무거울 때 말고도 내가 이 처방전을 사용하고 싶은 상황을 적어도 좋습니다.

4 위에 체크한 상황에 필요한 말, 행동, 마음을 각각 알약, 물약, 영양제 칸에 적어 넣습니다. 꼭 한 가지 알약만 처방하지 않아도 됩니다. 여러 가지 약과 영양제가 필요하다면 다양하게 약을 조제할 수 있습니다.

5 스스로에게 마음 처방전을 주었다면, 친구와 역할극을 하면서 친구에게도 마음 처방전을 선물합니다. 짝과 함께 가위 바위 보를 하여 이긴 사람이 먼저 환자가 됩니다.

6 진 사람은 약국의 주인이 되어 방문객을 반갑게 맞이합니다.

7 방문객 역할을 하는 친구는 자신이 아픈 이유를 설명하고, 약사 역할을 하는 친구는 그럴 때에는 이런 알약, 물약, 영양제가 필요하다고 전문가처럼 말하며 마음 처방전을 써줍니다.

8 방문객 역할을 하는 친구는 약국 주인 역할을 하는 친구에게 감사 인사를 전한 다음 마음 처방전을 소중히 가져갑니다.

놀이 지도 시 주의할 점

1 '환자'라는 말 대신 방문객이라는 말, '약사'라는 말 대신 약국 주인이라는 말을 사용합니다. 이 놀이는 의학을 체험하는 역할 놀이가 아닙니다. '환자'와 '약사'라는 말을 사용하면 활동을 받아들이는 학생들이 부담스러워할 수 있습니다. 학생들에게 이 역할은 상상 속에 있는 "마음 약국"에 놀러 온 '방문객'과 '약국 주인'이라고 가볍게 설명해 주세요.

2 마음 처방전 소중히 여기기

마음 처방전 활동지를 약사 역할을 한 친구가 보는 앞에서 버리거나 잃어버리지 않도록 안내해주세요. "여러분들이 받은 마음 처방전에는 약사 역할을 한 친구들의 마음이 담겨있습니다."라고 말씀해주시면 더욱 좋습니다. 정말 화가 날 때 처방전을 열어보고 마음을 다스릴 수 있습니다.

3 진짜 마음 처방전을 받을 수 있는 곳 알려주기

몸이 아닌 마음이 힘들 때, 담임 선생님 또는 교내 상담 선생님, Wee 센터 등 다양한 사람들이 학생의 편이 되어 마음을 평화롭게 만드는 데 도움을 줄 수 있다고 알려주세요. 세상의 많은 어른들은 학생들의 편이며 언제든지 학생들의 이야기를 진심으로 들어줄 수 있다고 설명하며, 내가 힘들 때 누군가 내 편이 되어줄 수 있다는 믿음은 학생들에게 안정감을 줄 것입니다.

이렇게 놀면 더 재미있어요

1 마음 챙김 처방전을 5장씩 들고 돌아다니며 마주치는 학생과 가위 바위 보를 하고 역할 놀이를 통해 마음 챙김 처방전을 주고받습니다. 서로 다른 5명의 친구와 역할극을 끝냈다면 제자리로 돌아옵니다.

2 멀티 보팅을 하며 다른 친구들이 받은 처방전을 함께 봐도 좋습니다. 내가 나에게 준 처방전, 남이 나에게 준 처방전을 책상 위에 잘 보이게 놓습니다. 모든 학생들은 일어나 돌아다니며 다른 친구들의 책상 위에 있는 마음 챙김 처방전을 둘러봅니다. 둘러보다가 마음에 드는 마음 챙김 처방전이 있다면 그 처방전에 별표 표시를 합니다. 둘러보는 시간이 끝날 때까지 별표 표시는 총 5개 할 수 있습니다.

3 마음 처방전 놀이 후 친구를 응원하는 편지 쓰기 활동을 할 수 있습니다. 알약, 물약, 영양제라는 가상의 도구에서 벗어나 친구에게 힘이 되어주는 말을 듬뿍 담아 편지를 쓰며 실생활과 연결합니다. 특히 마음을 나누는 편지를 쓰기 전 이 활동을 하면 학생들이 쓴 편지에 따뜻한 마음이 듬뿍 묻어 나올 것입니다.

'마음 처방전'
활동지 다운로드 QR

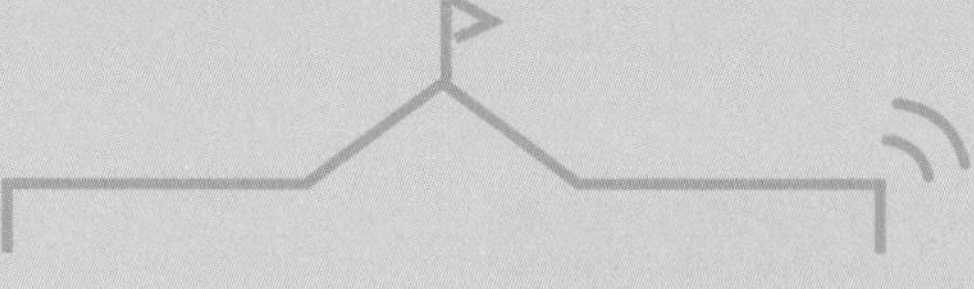

나만의 호흡 만들기

#지금, 이 순간에 집중하기 #호흡법을 만들고 #친구들과 함께 해보기

준비물 A4용지 또는 종이
대형 전체

학생들끼리 갈등이 생겨 서로 감정이 격해졌을 때 '모든 이야기를 다 들어줄 수 있으니 잠시 심호흡'을 해보라고 합니다. 학생들은 깊게 숨을 들이쉬고 내쉬면서 격한 감정을 조금 내려놓습니다. 마음이 혼란스러울 때 호흡을 잘하기 위해서는 평소에 호흡과 친해질 기회가 필요합니다. 준비물이 필요 없고 호흡이 하나의 놀이가 될 수 있는 나만의 호흡 만들기 놀이를 소개합니다.

놀이 효과

호흡은 우리 몸의 자율 신경계가 의식적으로 통제할 수 있는 유일한 부분입니다. 호흡은 온 몸의 다른 기관에 영향을 주며, 어지러운 마음에 닻을 내려 마음을 차분하게 만들어주기도 합니다. 호흡에는 마시기, 멈추기, 내쉬기가 있습니다. 이 세 가지를 천천히 따라해 보며 아이들에게 나만의 호흡법을 만들고 호흡을 통해 마음에 닻을 내릴 수 있다고 알려주세요. 또 내가 만든 호흡을 다른 친구들과 같이 하며 하나로 연결된 친밀감을 느낄 수 있습니다.

단계별 놀이 방법

1 호흡을 잘 하기 위해서 학생들에게 세 가지 신체부위를 알려줍니다. 목 바로 밑에 딱딱한 뼈(쇄골), 갈비뼈, 배꼽 이 세 부위를 일직선으로 쭉 펴서 만들어봅니다.

2 들이마시는 호흡을 함께 해봅니다. 내 몸이 풍선이 되었다 생각하고 호흡을 통해 몸을 가장 크게 만들어 봅니다. 공기가 배꼽부터 차올라 갈비뼈 그리고 쇄골까지 가득 찰 것입니다.
천천히 공기를 크게 들이마셔 보세요. 그리고 몸이 공기로 가득 차 부풀어 오르는 것을 느껴보세요.

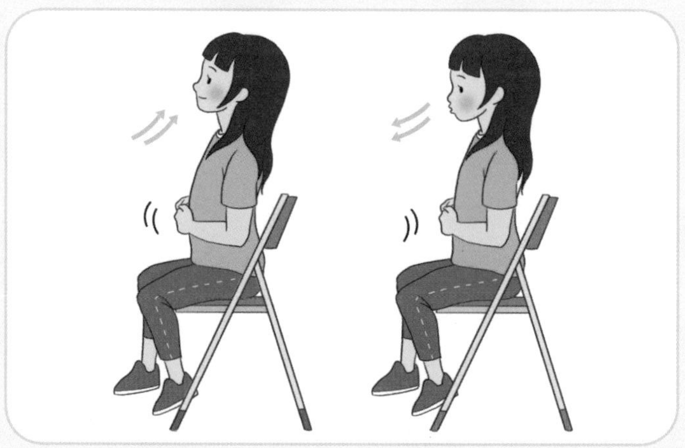

3 내쉬는 호흡을 함께 해봅니다. 숨을 내쉬면 내 몸은 바람 빠진 타이어가 됩니다. 배꼽이 등에 가장 가까워 질 수 있도록 호흡을 내보낼 것입니다. 쇄골에 있던 공기가 나가는 순간 갈비뼈에 있는

공기도 나가며 배꼽이 등에 붙습니다. 이 때 몸에 공기가 하나도 없이 끝까지 내뱉어 보세요.

4 마지막으로 호흡 멈추기를 해봅니다. 숨을 크게 들이마셔 몸을 풍선처럼 크게 만들고 참아보세요. 그리고 천천히 후 불면서 배꼽을 등에 붙인 다음 숨을 참아보세요.

5 이렇게 세 가지 호흡법을 알게 되었다면 나만의 호흡법을 만들어 쪽지에 적어 봅니다. 아래와 같은 예시를 줄 수 있습니다.

1) 숫자 호흡법

(0초)동안 들이마시고 (0초)동안 참고 (0초)동안 내쉬기

2) 동작 호흡법

어떤 동작을 하면서 호흡하기

3) 동물의 호흡법

○○동물처럼 어떻게 호흡하기

4) 어깨 돌리기 호흡법

숨을 마실 때 어깨를 뒤로 돌리면서 가슴을 펴고, 숨을 내뱉을 때 온몸을 축 늘어뜨리기

5) 잠수함 호흡법

숨을 들이마시고 오랫동안 꾹 참았다가 내뱉기

6 나만의 호흡법을 만들었다면 교실의 모든 학생이 의자만 갖고 큰 원형 대형으로 앉습니다.

7 쪽지를 한 곳에 모아 놓고 반 친구들 중 한 명이 쪽지를 뽑아 크게 읽습니다.

8 모든 친구들이 그 호흡을 따라 해봅니다.

놀이 지도 시 주의할 점

1 물속에 들어가 숨을 참는 것처럼 누가 오래 참는지 대결하지 않습니다. 얼굴이 빨갛게 될 적도로 손으로 코와 입을 막고 숨을 참지 않도록 안내합니다.

2 새로운 호흡법이 나오면 함께 호흡을 해줍니다. 호흡을 하면서 지금 여기 내가 살아있다는 것을 느껴볼 수 있도록 안내해 주세요.

3 들숨보다 날숨을 길게 하면 온몸의 근육이 이완되며 긴장이 풀어집니다. 반대로 날숨을 들숨보다 짧게 하면 근육이 긴장되고 심장 박동수가 빨라집니다. 이완되는 몸처럼 우리의 마음이 어지러울 때 날숨을 길게 내쉬면서 마음에 닻을 내릴 수 있다고 말해주세요.

이렇게 놀면 더 재미있어요

1 놀이 시작 전에 놀이가 끝난 후 가장 기억에 남는 호흡을 하나 선택해야하는 미션을 주면 학생들이 서로의 호흡에 조금 더 집중하여 참여할 수 있습니다. 놀이를 정리하는 과정에서 기억나는 호흡을 이야기하고 실제 나의 삶에도 응용할 수 있습니다.

2 유튜브에 어린이 명상 오디오 파일이 많이 있습니다. 숫자 명상, 특정한 배경을 떠올리는 명상 등 재미있는 명상 음원을 들으며 차분하게 호흡을 해보라고 말씀해주세요. 차분한 음악과 함께 명상에 집중할 수 있게 됩니다.

3 학생들이 쪽지에 적은 호흡법을 모아 바구니에 넣어두고, 매일 수업을 시작하기 전에 하나씩 꺼내 함께 호흡해도 좋습니다. 다만, 너무 가쁜 호흡법이 뽑혔다면 마지막에는 들숨보다 날숨이 더 긴 호흡을 함께 하며 온몸의 긴장을 풀고 마음 파도의 크기를 줄여보자고 말씀해주세요. 단 1분, 학생들이 수업 시작 전 호흡 가다듬기를 통해 나머지 수업 시간에 집중할 힘을 얻는 모습을 확인하실 수 있을 것입니다.

친구 이름 색칠하기

#자음 모음으로 하는 빙고 #자음, 모음 부르기 #친구 이름의 모두 색칠하라

준비물 PPT, 종이 또는 포스트잇
대형 전체

"내가 그의 이름을 불러주었을 때, 그는 나에게로 와서 꽃이 되었다." 시인 김춘수님의 시 '꽃'의 일부입니다. 서로의 이름을 알고 부르는 과정은 그동안 몰랐던 또 다른 세상과 마주하고 협력할 수 있는 준비 과정이라고 생각합니다. 3월 첫 만남부터 친구들의 이름을 전부 외우는 시간까지, 그 시간을 어떻게 하면 단축할 수 있을까요?

놀이 효과

빙고 놀이에서는 특정단어를 부르면 그 단어를 지우지만, 이 놀이에서는 우리 반 친구의 이름 중 하나를 쪽지에 적고 한 명씩 돌아가며 그 이름에 쓰인 한글 자음과 모음을 부르며 놀이를 합니다. 친구들의 이름이 무엇인지 하나씩 확인하고, 어떤 자음과 모음이 들어있는지 꼼꼼히 살펴보며 색칠합니다. 또 자음과 모음을 부를 때 그 자음과 모음이 들어간 다른 단어를 연상해야 하므로 어휘력도 향상됩니다.

단계별 놀이 방법

1 이 놀이는 아직 서로의 이름을 잘 모르는 새 학기에 반 친구들의 이름을 익히는 상황에서 진행하면 좋습니다.

2 친구의 이름을 적을 수 있는 쪽지 또는 포스트잇을 받습니다.

3 우리 반 친구 이름 중 한 친구의 이름을 적습니다.

4 한 명씩 돌아가며 내가 쓴 친구의 이름에 있는 자음 또는 모음을 부릅니다. 이 때, "김밥의 ㄱ", "토끼의 ㅌ", "아버지의 ㅏ" 등 내가 부르는 자음 또는 모음이 들어가는 다른 단어를 생각하여 부릅니다.

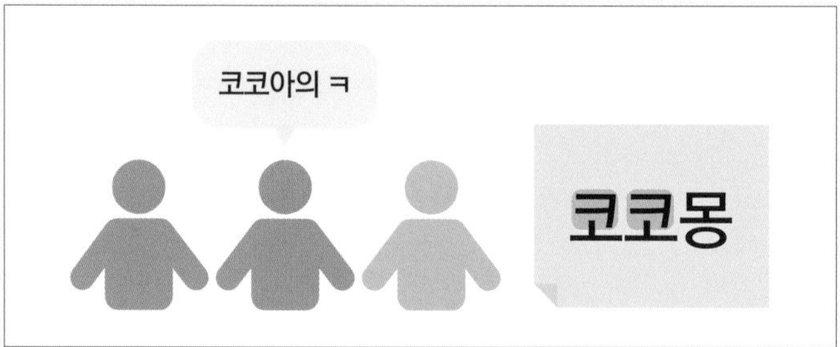

5 나 또는 친구가 부른 자모음이 내가 쓴 친구 이름에 들어있다면 색칠합니다. 같은 자모음이 여러 개 있다면 모두 찾아서 색칠합니다.

6 내가 쓴 친구의 이름을 모두 색칠하면 "야호!"라고 말하며 만세 동작을 합니다.

놀이 지도 시 주의할 점

1 선생님은 칠판에 판서를 통해 학생들이 어떤 자음 또는 모음을 불렀는지 보여주세요. 학생들이 잠시 지난 차례에 친구가 이야기한 내용을 놓쳤더라도 바로 따라올 수 있습니다. 자음 또는 모음을 말하기 전 판서를 보며 생각할 수 있는 시간을 주어도 좋습니다.

2 놀이를 할 때마다 다른 친구의 이름을 적습니다. 간혹 학생들이 이름이 외자인 학생들의 이름만 쓰려고 합니다. 이 놀이의 목적은 최대한 많은 친구들의 이름을 쓰고 불러보며 익숙해지는 것임을 알려주시고 매 라운드마다 다른 친구의 이름을 적으라고 미리 안내해 주세요.

3 이름이 네 글자 이상인 친구의 경우나 외국 이름인 경우, 우리말로 표기했을 때 맨 마지막 세 글자를 놀이에 활용하도록 지도합니다. 모든 학생들이 영어로 이름표기를 할 수 있다면, 영어의 알파벳을 부르며 친구 이름 색칠하기 놀이로 변형도 가능합니다.

이렇게 놀면 더 재미있어요

1 내 종이에 적힌 친구 이름을 모두 색칠했을 때, '만세'를 부르는 규칙이 있습니다. 만세를 부른 그 친구의 종이에는 누구의 이름이 적혀 있을지, 칠판에 쓰인 자음과 모음을 조합하여 함께 추리해봅니다.

2 놀이에 쓰인 쪽지는 버리지 않고 만나서 반갑다는 내용, 일 년 동안 어떻게 지내고 싶다는 바람을 적어 친구에게 전달할 수 있도록 해주세요. 이 활동을 하기 전, 마지막 두 라운드에는 꼭 종이에 나의 출석번호 앞, 뒤 번호 학생의 이름을 적어서 놀이할 수 있게 지도하시면 모든 학생들이 친구로 부터 따뜻한 글을 받을 수 있습니다.

만나서 반가워!
행복한 시간을 보내자

3 이 놀이는 수업 놀이로도 활용할 수 있습니다. 다양한 과목에서 새로 배우는 낱말 꾸러미를 칠판에 적어두고 친구의 이름 대신 공책에 낱말을 적고 색칠하는 것입니다. 새로운 낱말을 쓰며 익히고, 친구들과 그 뜻을 알아보면 학생들의 어휘력은 금방 성장할 것입니다.

6×6 질문판

#주사위와 질문판을 활용해서 #활동과 놀이 돌아보기

준비물 6×6 질문판, 주사위
대형 모둠

디브리핑(Debriefing)의 사전적 의미는 작전이나 임무가 끝난 뒤에 결과와 상황을 보고하는 것입니다. 반성적 사고를 통해 다음 활동에 적용할 수 있는 교훈을 정리해 보는 것이지요. 이 디브리핑 기법을 놀이 후에 적용해 본다면 더욱 놀이에 재미와 의미가 풍성해집니다. 6×6 질문판을 활용한 놀이 돌아보기를 해볼까요?

6×6 질문판

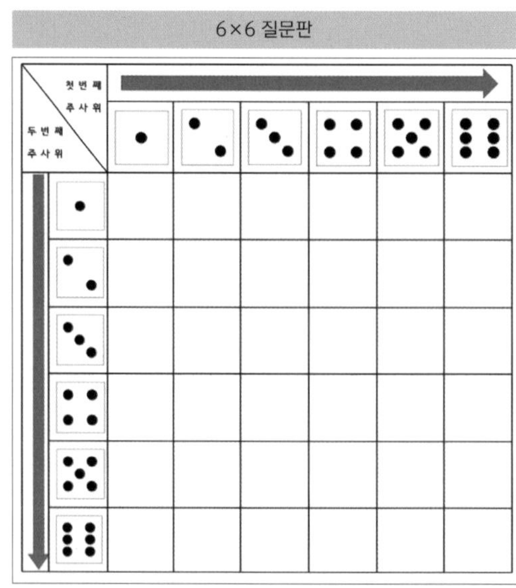

'6×6 질문판'
샘플 다운로드 QR

놀이 효과

주사위를 두 번 던집니다. 첫 번째 주사위는 세로 줄, 두 번째 주사위는 가로 줄을 의미하는데, 이 두 줄이 만나는 곳에 있는 질문을 서로에게 묻고 답하는 놀이입니다.

6×6 질문판 놀이는 수업 시간에 활용했던 놀이를 떠올리며 그때 느꼈던 감정을 돌아보고, 놀이 과정 중 갈등이 있었다면 서로의 감정을 다독여 줄 수 있는 놀이입니다. 또한 놀이의 규칙과 과정을 돌아보고 스스로 놀이를 창조하여 즐길 수 있습니다.

단계별 놀이 방법

1 **가위 바위 보로 모둠 내에서 주사위를 굴릴 순서를 정합니다.**

2 **내 차례가 오면 주사위를 두 번 굴립니다. 첫 번째 굴린 주사위의 수만큼 가로로 이동하고, 두 번째 굴린 주사위의 수만큼 세로로 이동합니다.**

3 이동한 곳에 있는 질문 또는 미션을 친구들이 함께 읽어줍니다.

4 주사위를 굴린 친구는 친구들의 질문에 답을 하거나 미션을 합니다.

5 만약 초등학교 저학년 학생들에게 설명할 때는, 처음 나온 주사위의 수만큼 가로로 이동하고, 두 번째로 나온 주사위의 수만큼 세로로 이동하라고 안내합니다. 그 곳에 있는 질문을 함께 읽고 주사위를 굴린 친구가 답변을 합니다.

놀이 지도 시 주의할 점

〈6×6 질문판〉에는 아래와 같은 내용이 들어갈 수 있습니다.

더욱 다양하고 흥미로운 질문을 추가해 아이들과 재미있게 놀이를 즐겨보세요.

*** 미션**

친구들과 하이파이브 하기/ 모둠 친구들이 다 같이 5초간 웃기/ 앞사람과 악수하기/ 친구들과 묵찌빠 3번 하기/ 주사위 다시 굴리기

*** 감정 묻기**

- 놀이를 하며 가장 행복했던 or 안타까웠던 or 짜릿했던 순간은?
- 놀이가 끝났을 때 느끼고 싶은 감정은?

*** 말/행동 질문**

- 놀이를 할 때 어떤 행동을 하는 친구가 좋은가요?
- 놀이가 끝난 후 친구에게 듣고 싶은 말은?
- 놀이 규칙을 이해하는 데 어려움을 겪는 친구가 있다면 어떻게 도와줄 수 있을까요?

*** 놀이 창조하기**

- 내가 하고 싶은 놀이는?
- 내가 만약 놀이의 규칙/ 이름/ 준비물을 바꿔본다면?

1 자신의 생각을 말하기 어려운 친구가 있다면 처음에는 하나의 질문에 모두가 돌아가며 대답하는 것으로 규칙을 바꿔 진행할 수 있습

니다. 자신의 감정을 드러내는 것, 주장을 말하는 것에 서툴 수 있습니다. 친구를 비난하기보다 함께 해보자는 마음으로 이번 놀이에 참여할 수 있도록 허용적인 분위기를 만들어주세요.

2 주사위는 책상 위에서만 굴러다닐 수 있도록 안내해 주세요. 너무 세게 굴리면 바닥에 떨어질 수 있고, 혹시 주사위를 던지다가 주변 친구들이 다칠 수 있으니 안전하게 참여하도록 합니다.

3 감정에 대한 이야기를 할 때, 다양한 감정 단어 목록을 참고하면 좋습니다. 재미있다와 재미없다 사이에 다양한 단어들이 있다는 것을 미리 보여주세요. 다양한 감정 단어를 사용하며 느낄 수 있는 감정의 범위가 넓어질 것입니다.

이렇게 놀면 더 재미있어요

1 친구가 말한 내용을 기억하고 다시 이야기 해보는 경청 훈련을 할 수 있습니다. "○○이는 오늘 놀이에서 가장 큰 역할을 해준 친구를 '기쁨'이라고 말했습니다" 처럼 들은 대로 말하기를 하면서 경청과 공감의 시간을 가질 수 있습니다.

2 6×6 칸에 빈 칸을 만들어 놓고 학생들에게 나누어줄 수도 있습니다. 모둠별로 회의를 하여 질문 또는 미션을 채워넣으면 학생들의 손에서 새롭게 탄생하는 놀이판을 보실 수 있습니다. 단원을 마무리한 다음에는 단원을 정리하는 문제를 적어보게 해도 좋습니다.

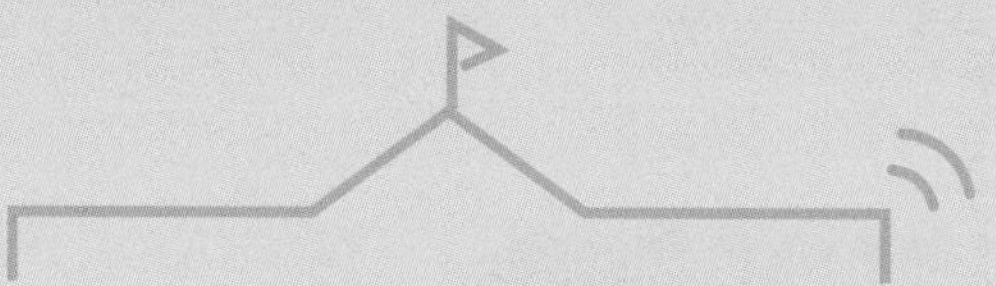

문단을 완성하라

#국어놀이 #문단의 구성요소 #추리놀이

준비물 국어 교과서, A4용지, 가위
대형 모둠

초등학교 국어 교육과정에서는 글을 읽으며 각 문단의 핵심 문장을 찾고 글쓴이의 의도를 파악하는 것을 중요하게 가르치고 있습니다. 문단을 나누어 읽는 것뿐만 아니라 스스로 문단을 나누어 긴 글을 써보는 것도 매우 중요한 과제입니다. 이렇듯 '문단'이라는 것은 생각의 단위로 내용을 적절히 나눌 때 사용합니다. 문단을 너무 잘게 쪼개면 오히려 글을 읽는 데 방해가 되기도 합니다.
'문단'이라 단어는 초등학교 3학년부터 6학년 교과서에 꾸준히 나옵니다. 이처럼 글의 기본이 되는 문단, 어떻게 하면 놀이를 활용하여 알려줄 수 있을까요? 마치 퍼즐을 맞추듯 흐트러진 문장을 순서대로 놓으며 문단에 대한 감을 잡는 "문단을 완성하라" 놀이입니다.

놀이 효과

초등학교 3학년 국어 교과서에 나오는 문장을 활용하여 3학년부터 6학년까지 고루 쓸 수 있는 놀이입니다. 주장하는 글쓰기, 문단과 문장의 차이점을 알려줄 때 이 놀이를 할 수 있습니다.

단계별 놀이 방법

1 제시된 문장을 순서에 맞춰 글을 읽으면 되는 놀이입니다.

2 학생들은 선생님이 PPT에 제시한 문장을 조합하여 문단을 만들고, 문장번호를 순서대로 작은 화이트보드에 적어둡니다.

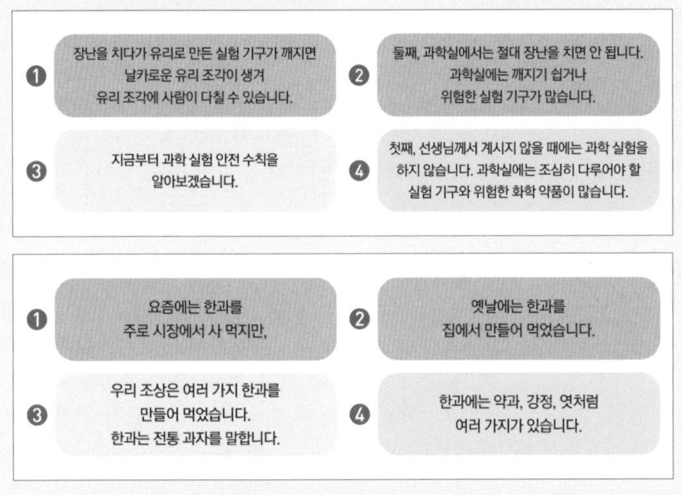

3 1분 동안 모둠 안에서 자유롭게 회의할 수 있도록 합니다.

4 1분이 지나면, 선생님의 신호에 맞춰 모든 모둠 학생들이 화이트 보드를 들어 올립니다. 정답을 맞힌다면 맞힌 모둠은 점수를 얻습니다.

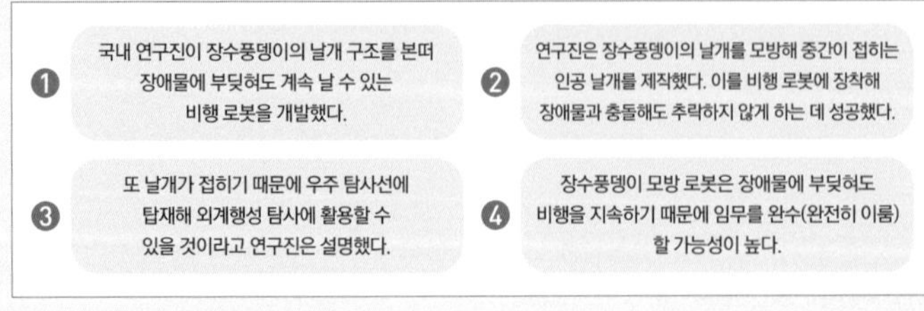

놀이 지도 시 주의할 점

1 이 놀이는 경쟁보다 함께 성장하는 것에 초점을 맞춘 게임입니다. 함께 회의를 할 수 있도록 하고, 교과서를 참고할 수 있게 해주세요.

2 놀이 후에는 만든 문단에서 가장 중심이 되는 중심 문장과 이를 뒷받침하는 뒷받침 문장을 찾아보게 합니다. 하나의 공통된 주제를 가진 문장 여러 개가 모여 문단이 된다는 점을 발견할 수 있도록 도와주세요. 또 문단을 맨 처음 시작할 때는 접속사가 먼저 나오지 않는다는 것을 알아볼 수 있습니다. 문장을 이어주는 접속사들의 특징과 쓰임을 알아보면 좋습니다.

이렇게 놀면 더 재미있어요

1 새로운 단원을 배우기 전, 또는 단원 복습 놀이로 교과서 중요 문장을 적어두고 사용할 수 있습니다. 문단을 만든 후 이 글에 대한 자신의 생각을 말하는 연습을 해보고 사용할 수 있습니다. 계기 교육을 할 때 중요한 문장을 순서대로 읽어보게 할 수도 있습니다. 또한 어린이 신문에서 중요한 문단을 발췌하여 시사와 관련된 수업을 시작할 때 사용할 수 있습니다.

2 A4용지를 4등분하여 하나의 중심 문장, 3개의 뒷받침 문장을 직접 쓰고 잘라 학생 스스로 문단 퍼즐을 만들 수 있습니다. 스스로 문

단을 만들기 어려워하는 학생들은 다양한 교과서에 있는 문장을 참고하여 쓸 수 있도록 합니다. 퍼즐을 만든 후 친구와 바꾸어 퍼즐을 풀어볼 수 있습니다.

음식은 골고루 먹는 것이 좋습니다.

우리 몸이 성장하기 위해서는
다양한 영양분이 필요하기 때문입니다.

자기가 좋아하는 음식만 먹으면
몸에 필요한 영양분을 충분히 얻지 못하여
균형 있는 성장을 못하게 됩니다.

또, 면역력이 떨어져 병에 걸릴 수 있어
건강에도 좋지 않습니다.

3 문장 카드 대신 낱말 카드를 만든다면, 사전을 찾는 데 도움을 줄 수 있는 놀이로 응용할 수 있습니다.

① 교과서에 나온 낱말을 활용해 낱말 카드를 만듭니다.
② 1분 동안 사전에 실려있는 순서대로 낱말 카드를 놓습니다.- 놀이를 시작할 때에는 칠판에 ㄱ~ㅎ까지, ㅏ~ㅣ까지 자음과 모음의 순서를 적어두면 학생들이 쉽게 놀이를 즐길 수 있습니다.
③ 사전에서 낱말을 찾아보며 순서를 확인합니다.
④ 놀이 후 새롭게 알게 된 낱말을 공책에 붙이고 사전에서 그 뜻을 찾아 씁니다.

규칙전달 놀이

#다양한 규칙을 #전달해라 #그리기&말하기&몸으로 표현하기

준비물 주사위, 규칙 목록, 화이트보드와 마커 또는 연습장과 연필
대형 전체, 모둠

학기 초 학생들은 다양한 규칙을 만나게 됩니다. 실험실 안전 수칙, 우리가 바라는 교실을 위한 규칙, 운동장 이용 안전 수칙 등 안전하고 행복한 학교를 위해 다 함께 노력해야 한다는 것을 배우게 됩니다. 이러한 규칙을 학생들끼리 놀이로 접한다면 규칙을 조금 더 재미있게 습득할 것입니다.

놀이 효과

주사위를 굴려 지켜야 할 규칙을 종이에 그려서 표현하거나, 말로 퀴즈를 내거나, 몸으로 표현할 수 있습니다. 규칙을 읽으며 지켜야 할 규칙에 대해 다시 한번 생각해 보고, 효과적으로 규칙을 표현하기 위한 방법을 고민합니다. 무엇보다 친구들이 내가 표현하는 규칙을 맞히면서 협동을 통해 공동의 목표를 달성했다는 성취감을 얻을 수 있습니다.

단계별 놀이 방법

『4-1 과학(아이스크림교과서)』에 나온 가열기구로 발생하는 안전사고 대비하기 규칙을 예시로 설명드리겠습니다.

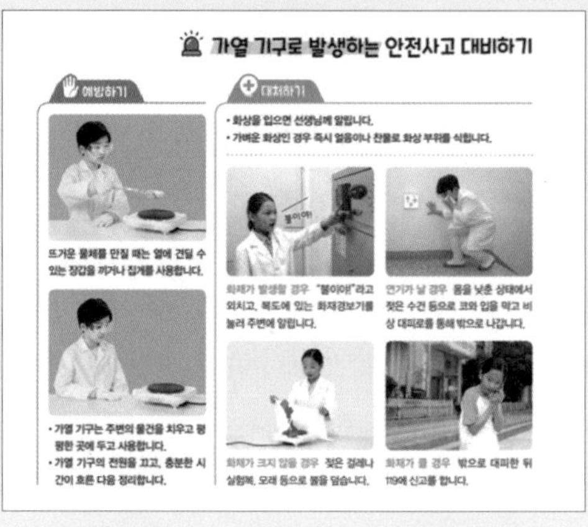

1 **각 모둠에서 술래 한 명이 나와서 선생님께서 보여주시는 실험실 안전 수칙을 확인합니다.**

2 **안전 수칙을 확인하고 나서 주사위를 굴립니다.**

3 굴려서 나온 주사위의 수에 따라 모둠 친구들에게 설명하는 방식이 달라집니다.

주사위의 수	설명하는 방법
1 또는 2	작은 화이트보드(또는 종이)에 글자나 숫자는 사용하지 않고 그림 그려 설명하기
3 또는 4	말로 퀴즈를 내서 설명하기 예) 실험을 하기 전 가열 기구 주변의 물건은 어떻게 해야 하나요?
5 또는 6	말은 사용하지 않고 몸동작으로만 규칙을 설명하기

4 모둠에 돌아가 주사위를 굴려 나온 방식대로 규칙을 설명합니다. 설명은 모둠의 다른 친구들이 내가 설명한 규칙을 맞힐 때까지 합니다.

5 친구의 설명으로 규칙을 알아냈다면 모둠에서 다음 차례로 설명할 친구가 교실 앞으로 나가 선생님 앞에 줄을 섭니다.

6 각 모둠에서 한 명씩 모두 선생님 앞에 줄을 섰다면, 선생님은 앞에 나온 친구들에게 모둠에 돌아가서 설명할 규칙을 알려주며 다음 라운드를 진행합니다.

놀이 지도 시 주의할 점

1 플라스틱으로 만든 작은 주사위보다 잘 볼 수 있는 큰 천 주사위를 사용하면 좋습니다. 모든 학생이 주사위의 눈을 보기 쉬우며 주사

위가 작은 틈 사이로 들어가지 않아 주어진 시간 동안 충분히 놀이할 수 있습니다.

2 이 놀이는 어느 모둠이 먼저 빨리 규칙을 맞히는가 보다 모두 함께 규칙을 잘 이해했는지가 중요한 놀이입니다. 모둠 내에서 규칙을 빨리 맞히고 선생님 앞에 먼저 줄을 섰다고 더 큰 점수를 주기보다, 규칙을 숙지한 모두를 칭찬해 주세요.

3 술래가 된 친구가 교실 앞으로 나와 선생님께 규칙을 전달받는 놀이입니다. 이동이 많은 놀이이기 때문에 시작하기 전 미리 학생들이 지나다닐 통로를 확보해주세요. 또한 자리에서 선생님에게 올 때 뛰어오지 않도록 안내해 주세요.

4 누구나 언제든지 규칙 목록을 잘 볼 수 있는 상황에서 진행해 주세요. 놀이를 하며 규칙을 계속 읽을 수 있도록 PPT, 판서, 교과서 등을 통해 정해진 규칙을 모두 확인할 수 있는 환경을 만들어주세요. 친구의 설명을 들으며 계속 눈으로 읽을 것입니다.

이렇게 놀면 더 재미있어요

1 놀이가 끝난 후 배운 내용을 다시 복습해보는 활동입니다. PPT, 판서, 교과서 등 눈에 보이는 규칙 목록을 모두 가리고 모둠원이 힘을 합해 규칙을 최대한 떠올려 보는 것입니다.

2 이 놀이에 익숙해진다면 학생들을 두 팀으로 나누어 속담 설명하기 놀이를 할 수 있습니다. 각 팀의 주장이 상대 팀에 가서 술래가 표현해야하는 속담을 알려주는 선생님 역할을 할 수 있습니다. 정해진 시간 내에 총 몇 문제를 맞혔는지 팀 간 대결을 해도 재미있습니다.

3 릴레이 규칙 전달하기 놀이를 해도 좋습니다.

① 교과서에 나온 낱말을 활용해 낱말 카드를 만듭니다.
② 1분 동안 사전에 실려있는 순서대로 낱말 카드를 놓습니다.- 놀이를 시작할 때에는 칠판에 ㄱ~ㅎ까지, ㅏ~ㅣ까지 자음과 모음의 순서를 적어두면 학생들이 쉽게 놀이를 즐길 수 있습니다.
③ 사전에서 낱말을 찾아보며 순서를 확인합니다.
④ 놀이 전 새롭게 알게 된 낱말을 공책에 붙이고 사전에서 그 뜻을 찾아 씁니다.
⑤ 규칙 전달 놀이를 하며 맨 마지막에 규칙을 전달받은 친구는 화이트보드에 전달받은 규칙을 적습니다.
⑥ 교사는 모든 모둠의 맨 마지막에 앉은 친구에게까지 규칙이 전달 되었을 때를 기다렸다가 "하나, 둘 셋!"이라고 말합니다.
⑦ 모둠의 맨 마지막 학생은 교사의 구령에 맞춰 화이트보드를 동시에 듭니다.
⑧ 모둠 내에서 자리를 바꾸어 앉고, 다른 규칙으로 전달 놀이를 계속 진행합니다.

놀이를 통해 규칙을 익히다 보면 어느새 아이들은 스스로의 몸과 마음 안전하게 만들 수 있는 학생으로 성장할 것입니다.

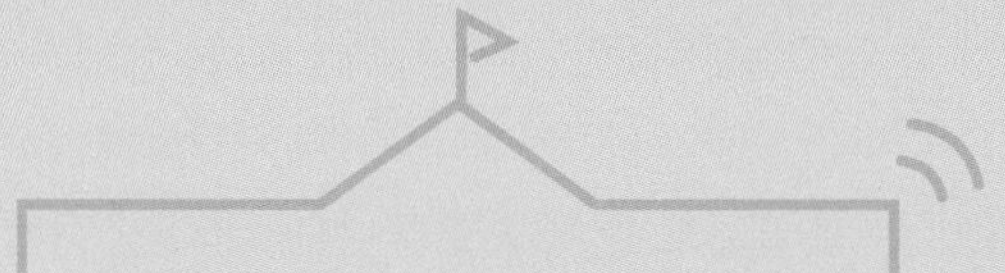

뻥카드를 피하라

#술래몰래 #뻥카드를 정하기 #술래는 카드모으기 #뻥카드 잡으면 끝!

준비물 교과서 부록 카드 등 다양한 카드 1세트
대형 모둠

교과서 부록으로 수록되어있는 다양한 카드 어떻게 사용하시나요? 카드의 그림도, 질도 좋아 활동에 한 번 쓰고 고이 모셔두기 아까울 때가 많습니다. "한 번 더 카드를 활용한 활동을 하고 싶다. 수업이 끝난 후 학생들끼리 삼삼오오 모여서 부록 카드를 활용해 놀게 할 수 없을까?"는 생각이 드실 때 할 수 있는 놀이, '뻥카드를 피하라'를 소개합니다.

놀이 효과

어렸을 때 술래의 뒷목을 손가락 하나로 찌르고, 어느 손가락으로 찔렀는지 맞혀보았던 놀이 기억나시나요? 어느 손가락으로 찔렀는지 잘 찾기 위해서는 운과 눈치가 필요했습니다. 이 놀이의 규칙은 그와 반대로 책상 위에 있는 카드 중 술래 몰래 뻥카드를 만들어 놓고, 술래가 하나씩 카드를 집어가다 뻥카드를 집는 순간 다같이 "뻥"이라고 말하는 놀이입니다. 어떠한 종류의 카드로도 놀이를 할 수 있다는 장점이 있습니다. 규칙 설명이 쉽고 한 라운드가 빠르게 지나가기에 학

생들이 여러 번 몰입해서 놀이를 즐깁니다. 내가 술래일 때에는 친구들의 눈치를 살피며 뺑카드를 피해 카드를 하나씩 모으는 재미가, 친구들과 뺑카드를 정했을 때는 술래의 행동을 관찰하는 재미가 있습니다.

단계별 놀이 방법

6학년 사회 시간에 사용하는 대륙과 대양카드를 예로 설명드리겠습니다.

1 **모둠 활동 대형으로 만듭니다.**

2 **대륙과 대양카드 한 세트만 모둠 책상 위에 올려놓습니다.**

3 **모둠의 술래는 눈을 감고 엎드립니다.**

4 **모둠 친구들은 술래 몰래 뺑카드를 하나 정합니다.**

*말을 사용하지 않고, 눈빛과 몸짓으로 의사소통합니다.

5 뻥카드를 정했으면 술래를 초대합니다.

6 술래는 원하는 카드를 한 장씩 가져갑니다.

* 카드를 가져올 때에는 꼭 대륙이나 대양의 이름을 말합니다.

7 술래가 뻥카드를 잡으면 친구들이 "뻥!" 이라고 외칩니다.

8 술래의 점수는 "뻥카드에 손대기 전까지 모은 카드의 수"입니다.

9 다시 놀이를 하기 위해 술래는 카드를 되돌려 놓습니다.

10 술래를 바꿔 다시 놀이합니다.

11 모두 한 번씩 카드를 모아보았다면 카드를 가장 많이 모은 친구를 찾아 축하해줍니다.

놀이 지도 시 주의할 점

1 책상을 모둠 활동 대형으로 만들기 전, 책상 위에 있는 물건을 모두 정리하고 카드만 올려놓을 수 있게 안내해 주세요. 책상 위의 물건을 정리하는 행동만으로도 학생들은 놀이에 대한 기대감을 키우며 놀이의 단계로 입장합니다. 또한 책상 위에 있는 카드에만 집중할 수 있는 환경이 만들어집니다.

2 카드를 가져올 때, 꼭 말을 하면서 가져올 수 있게 지도해 주세요. 카드를 가져올 때 하는 말도 단계별로 안내해 줄 수 있습니다.

> ① 카드에 적힌 단어만 읽으면서 가져와요. 예) 아시아, 유럽, 아프리카…
> ② 카드에 적힌 단어의 특징을 설명하면서 가져와요. 이때, 교과서에 적힌 설명을 그대로 읽어도 된다고 말씀해주시면 학생들이 교과서를 찾아보며 관련 내용을 기억하는 데 좋습니다. 예) 아시아는 대륙 중 가장 넓습니다, 유럽은 아프리카 대륙의 북쪽에 있습니다.

3 간혹 술래가 몰래 뻥카드를 정하는 모습을 볼 때가 있습니다. 이때 술래를 맡은 학생이 뻥카드를 정하는 모습을 보지 않아야 더 재미있는 놀이가 될 수 있다고 꼭 설명해 주세요. 서로 약속한 규칙을 지킨다면 모두 편안한 마음으로 어떠한 놀이도 할 수 있다고 응원해주시기 바랍니다..

이렇게 놀면 더 재미있어요

1 놀이에 익숙해졌다면 반 전체에서 술래를 한 명 뽑아 술래 vs 반 전체 학생들의 구도로 놀이를 할 수 있습니다. 술래는 복도에서 잠시 대기를 하고 있고, 나머지 학생들은 칠판이나 화면에 있는 카드를 보며 어느 카드를 뻥카드로 정할지 몰래 회의를 합니다. 회의가 끝나면 술래를 다시 교실로 초대합니다. 술래가 복도에서 대기하는 동안 카드에 대한 설명을 교과서에서 찾아보게 지도할 수 있습니다.

2 카드를 활용해 스무고개 놀이를 해보는 것도 좋습니다. 이때 학생들에게 교과서를 활용하여 질문하고 답하게 한다면, 보다 자세한 설명과 내용을 자연스럽게 익힐 수 있습니다.

① 술래는 카드 하나를 숨깁니다.
② 다른 친구들은 친구에게 질문을 하여 친구가 갖고있는 카드를 맞힙니다.
③ 가장 적은 수의 질문으로 친구가 갖고 있는 카드가 무엇인지 알아냅니다.

3 카드를 활용해 보드게임 할리갈리와 비슷한 놀이를 할 수 있습니다. 할리갈리는 같은 종류의 과일이 5개 보일 때 종을 치지만 여기서는 같은 카드가 2장 나오면 종을 치는 것으로 규칙을 변경합니다.

① 카드를 똑같은 개수로 나누어 갖고 뒷면이 보이게 내 앞에 카드 더미를 만들어 놓습니다. 책상 가운데는 종을 놓고 만약 종이 없다면 종 대신 포스트잇을 한 장 붙여놓는 것도 좋습니다.
② 시계 방향으로 돌아가면서, 내 차례가 되면 카드 한 장을 앞면이 보이게 열어서 앞에 놓습니다.
③ 책상 위에 열린 카드 중, 같은 카드가 두 장 나온 경우 가장 빨리 종을 친 사람이 그동안 친구들이 열었던 모든 카드를 가져갑니다.
④ 실수로 종을 친 경우 모든 친구들에게 내가 갖고 있는 카드를 한 장씩 줍니다.
⑤ 맨 마지막에 카드를 모두 가져간 사람이 이깁니다.

출처

도서 출처

기시미 이치로, 『미움받을 용기』

김춘수, 『꽃』

김현수, 『코로나로 아이들이 잃은 것들』

마키타 신지, 『틀려도 괜찮아』

아이스크림미디어 편집부, 『4학년 1학기 과학』 교과서

파시 살베리 · 윌리엄 도일, 『아이들을 놀게 하라』

미디어 출처

ENA 〈이상한 변호사 우영우〉 '방구뽕' 편

EBS 〈뽀롱뽀롱 뽀로로〉 ost 중 가사 인용

이미지 출처

https://www.scienceall.com/nas/image/201302/FI107_23.jpg

두근두근 놀이수업 개정판

1쇄 펴낸날 2023년 3월 6일
2쇄 펴낸날 2024년 2월 6일

지은이 허승환 김세용 나승빈 오진원
펴낸이 허주환

편집 장인영
마케팅 윤유림
디자인 올컨텐츠그룹
일러스트 김우리

펴낸곳 ㈜아이스크림미디어
출판등록 2007년 3월 3일(제2011-000095호)
주소 13494 경기도 성남시 분당구 판교역로 225-20(삼평동)
전화 02-2137-2035
팩스 02-6280-5222
전자우편 books@i-screammedia.com
홈페이지 www.i-screammedia.com

ISBN 979-11-5929-244-6 03300